推荐大学生阅读励志图书

创享未来

——创新创业案例集

主　编　王晓蕊
副主编　郭　婧　申俊超

黄河水利出版社
·郑州·

图书在版编目(CIP)数据

创享未来:创新创业案例集/王晓蕊主编.—郑州:黄河水利出版社,2021.8

推荐大学生阅读励志图书

ISBN 978-7-5509-2994-4

Ⅰ.①创… Ⅱ.①王… Ⅲ.①大学生-创业-高等学校-教材 Ⅳ.①G647.38

中国版本图书馆 CIP 数据核字(2021)第 098240 号

出 版 社:黄河水利出版社

网址:www.yrcp.com

地址:河南省郑州市顺河路黄委会综合楼 14 层 邮政编码:450003

发行单位:黄河水利出版社

发行部电话:0371-66026940、66020550、66028024、66022620(传真)

E-mail:hhslcbs@126.com

承印单位:河南新华印刷集团有限公司

开本:890 mm×1 240 mm 1/32

印张:5.875

字数:170 千字　　印数:1—1 000

版次:2021 年 8 月第 1 版　　印次:2021 年 8 月第 1 次印刷

定价:65.00 元

前 言

为贯彻落实国家关于大力推进创新创业教育的相关政策,围绕《教育部关于做好2021届全国普通高校毕业生就业创业工作的通知》(教学〔2020〕5号)、《河南省教育厅转发教育部关于做好2021届高校毕业生就业创业工作的通知》(教学〔2021〕64号)等文件精神,提高政治站位,把毕业生就业创业工作摆在更加突出的位置,进一步深化高等教育创新创业改革,培养和提升大学生的创新精神、创业意识和创新创业能力,为教师、学生提供针对性更强、指导性更好的创新创业服务,我们特组织编写了本书。

本书由王晓蕊任主编,由郭婧、申俊超任副主编,郭婧对本书通篇内容进行了梳理。本书分为上篇创新案例和下篇创业案例,主要包括经典创新案例、大学生创新案例、经典创业案例、大学生创业案例等。本书从实际创新、创业案例角度出发,讲述了社会各界人士及大学生创新、创业的经历与心得,希望能通过此种方式,为莘莘学子在准备创新、创业的过程中提供具有借鉴性的指导和帮助。

与其他同类书籍相比,本书具有全面性、实用性、时代性及可读性等特点。

全面性:全面地介绍了经典创业、经典创新及当代大学生创新、创业的经历,角度全面,便于大学生更好地学习。

实用性:收录了借鉴性较强的阅读材料"大学生创业案例",并通过"经典创业案例"等增强内容的实用性。

时代性:书中所举案例,力求为学生提供最新的创新、创业知识,便于其更好地进行创新、创业实践。

可读性:图文并茂、案例丰富、语言简洁、文字优美,具有很强的可读性。本书在编写过程中,参考了大量的文献资料和网络资料,也听取了省内外多位专家的意见,感谢他们为本书提供的宝贵参考意见。

在这个“大众创新、万众创业”的年代，为了迎接未来的挑战，作为新时代大学生，要在未来的生活中发挥自身价值，必须提前做好充分准备，不断学习。当然，自我锻炼的方法有很多，可以出去实习，也可以在上课之余做些兼职，但是必须力主创新，走出属于自己的一条可行之路。只有这样才能顺应社会的发展，才能更好地为社会做出贡献，同时让自身价值得以体现。

当今社会，大学生自主创新、创业已成为大学生发展自我，增加社会经验的一种趋势，以锻炼自我、磨炼意志、积累经验。所以，应顺着这种趋势不断摸索、探求，以更好、更多的实践经验去迎接未来的挑战！

作　者

2021 年 6 月

目 录

上篇　创新案例

第一章　经典创新案例

案例一　中国核潜艇之父——黄旭华

一、黄旭华简介

黄旭华，中国核潜艇之父，共和国勋章获得者，广东汕尾人，1926 年 3 月 12 日出生于广东省汕尾市红海湾区田墘镇，祖籍广东省揭阳市玉湖镇新寮村，国立交通大学 1949 届学生，中国船舶重工集团公司第 719 研究所研究员、名誉所长，中国第一代攻击型核潜艇和战略导弹核潜艇总设计师。开拓了中国核潜艇的研制领域，在核潜艇水下发射运载火箭的多次海上试验任务中，他作为核潜艇工程总设计师、副指挥，严格执行上级指示，处理了许多重大技术问题，并荣获船舶工业总公司个人一等功。曾先后于 1978 年获全国科学大会奖，1982 年获国防科工委二等奖，他参与完成的我国第一代核潜艇研制获 1985 年国家科学技术进步特等奖，导弹核潜艇研制获 1996 年国家科学技术进步特等奖。1986 年被授予船舶工业总公司劳动模范，1989 年被授予全国先进工作者。1994 年当选为中国工程院院士。曾任前中国船舶工业总公司第 719 研究所副总工程师、副所长、所长兼代理党委书记，以及核潜艇工程副总设计师、总设计师、研究员、高级工程师等职。为保守国家最高机密，黄旭华在研制核潜艇期间，淡化了和家人之间的关系。直到 30 年后他的工作可以公开了，家里人才知道，他是在从事一项伟大的事业。2014 年 1 月黄旭华当选中国中央电视台 2013 年度感动中国十大人物。2017 年 10 月 25 日，获 2017 年度何梁何利基金最高奖——科学与技术成就奖；11 月 9 日，获得第六届全国道德模范敬业奉献类奖项。

1. 早年经历

1926 年 3 月出生于广东省汕尾市红海湾区田墘镇。初中肄业于汕头聿怀中学(抗日战争时聿怀中学搬迁至揭阳五经富)。

1949 年毕业于国立交通大学造船系，先后从事过民用船舶和战斗舰艇的研究设计工作。

1954 年，被选送参加苏联援助中国的几型舰船的转让制造和仿制工作。

1958 年调到北京海军，任核潜艇研究室副总工程师。

2. 科研成果

1964 年，黄旭华终于带领团队研制出我国第一艘核潜艇，使中国成为世界上第五个拥有核潜艇的国家。

1970 年，黄旭华主持设计的中国第一艘核潜艇“长征一号”正式列入海军战斗序列。

1988 年初，核潜艇按设计极限在南海进行深潜试验。黄旭华亲自下潜水下 300 米，指挥试验人员记录各项有关数据，并获得成功，成为世界上核潜艇总设计师亲自下水进行深潜试验的第一人。

3. 人物评价

时代到处是惊涛骇浪，你埋下头，甘心做沉默的砥柱；一穷二白的年代，你挺起胸，成为国家最大的财富。你的人生，正如深海中的潜艇，无声，但有无穷的力量。——2013 年度“感动中国”颁奖词

抛家舍业，隐姓埋名，为国家做出了巨大贡献，却把名利看得淡如

水。黄旭华,以及许许多多像黄旭华这样的人,是中国知识分子中最优秀的一群。——胡占凡

中华民族从没有像今天一样需要海洋,而在走向海洋的过程中,更需要一份走向海洋的刚强。——孙伟中

二、科研历程与经典故事

1958 年国家批准核潜艇工程立项之后,当时年仅 32 岁的黄旭华便与一批科研人员告别家人,隐姓埋名来到偏僻的半岛上,开始研制中国第一代核潜艇。

在当时中国这样一个舰船制造基础薄弱的国家,进行这项尖端复杂的国防科研是很困难的。当时困难之大,今天难以想象:没有特厚钢材的加工设备,甚至连核潜艇专用的特殊高强度钢板的研制工作也没有开始;艇上成千上万的零件设备,上百公里长的电缆、管道,涉及全国 24 个省(市)的 2000 多家工厂和科研单位,工程复杂,牵涉面广,难度可想而知;尤其关键的是当时我们的核工业尚未取得突破性进展,而国外可借鉴的资料和发表的论文真假难辨,每查阅一份资料都要求用“第三只眼”去认真分析、反复试验。1962 年,这项工程不得不暂时下马,但仍保留部分技术骨干继续关键技术的研究。1964 年,我国第一颗原子弹的成功爆炸给研制工作吹来了东风,核动力问题的解决成为可能。1965 年,中央批复同意该工程上马,我国的第一艘核潜艇从此正式开始研制。

谁能想到,在研究工作开始时只有黄旭华等少数人搞过几年苏式仿制潜艇。核潜艇是啥模样,大家都没见过。研究探索过程中,他们弄来一个核潜艇玩具模型,拆了装、装了又拆,而对“真家伙”的内部结构则一无所知。黄旭华碰到的第一个难题就是潜艇的形状。他选择了难度很大但却是最先进的水滴线型为艇体的形状。常规潜艇因大部分时间可水面航行而大多采用适应水面航行的常规线型,而核潜艇大部分时间在水下航行,为了尽量减少水对潜艇的阻力,必须采用水滴形体。为了掌握水滴形体水下和水面航行的操纵性,美国采取了分三步走的办法。我们是不是要跟在人家后面亦步亦趋呢?黄旭华

带领设计人员一头扎进综合性实验室，在实验室里不知度过了多少个不眠之夜。

在解决我国核潜艇建造如何一步跨越美国几代产品，进入20世纪60年代初期世界水平等重大技术决策上，黄旭华和其他研究人员共同组织，依靠广大科技人员，从我国科学技术和工业生产能力出发，攻克了一个又一个技术难关。靠着自力更生、艰苦奋斗和无私奉献这“三件法宝”，工程终于取得了巨大进展。没有计算机，黄旭华及其团队就用算盘和计算尺演算出几万个数据，解决了核潜艇的操纵性问题，核潜艇外形设计三步并作一步，成功研制出了“水滴型”。这之后，科技人员又围绕着新式潜艇的15个难题展开了攻坚战。最后，这些难点又被综合为七大技术关键。技术攻坚战打得十分漂亮，从1965年到1970年，在不到5年的时间里先后取得了成功，其中一些成果已经达到当时国际先进水平……终于，中国的核潜艇搞出来了！核潜艇各项性能也均超过美国的第一艘核潜艇。

黄旭华与核潜艇

1974年8月1日，中央军委发布命令，将我国第一艘核潜艇命名为“长征一号”，正式编入海军战斗序列。1981年，我国第一艘导弹核潜艇顺利下水。1988年，我国核潜艇水下发射运载火箭试验成功，成为世界上第五个拥有核潜艇水下发射运载火箭能力的国家。人民海军也由此成为一支战略性军种。

黄旭华院士曾两次获国家科学技术进步特等奖，全国科学大会奖、何梁何利基金科学与技术进步奖等。如今，年过八旬的他虽已退下一线，但仍在为国防武器装备的现代化建设孜孜不倦、献智献策。

1. 结缘核潜艇

黄旭华原籍广东省揭阳市，1926年3月出生于广东海丰县（今汕尾市红海湾区田墘镇）。在家乡读过初中后，为了进入有名的省立高中，年少的他步行数十公里到广东梅州，再辗转到广西桂林中学求学。

学生时代黄旭华

从小生长在海边的他，在战乱中见到日军的舰艇炮击沿海城市，就暗下决心，要为振兴祖国造船事业做出贡献。为了这个目标，他在考取国立交通大学的时候选择了船舶制造专业。从此，黄旭华与船舶、舰艇结下了不解之缘。1949年，黄旭华从国立交通大学船舶制造系毕业。青年时代的黄旭华怀有满腔的爱国热情，同年他光荣地加入中国共产党地下党组织，开始了为党奉献一生的历程。

新中国成立后，黄旭华开始从事舰船研制工作，先后从事过民用船舶和军用舰艇的研究设计工作。然而，他从来没想到自己的名字会和核潜艇连在一起。1958 年，聂荣臻元帅以战略家的勇气向中央请求搞核潜艇，党中央、毛泽东主席很快批准核潜艇工程立项。核潜艇研制马上进入准备状态，曾有过几年仿制苏式常规潜艇经历又毕业于国立交通大学造船系的黄旭华被选中参研。那时中苏关系尚处于“蜜月期”，依靠苏联提供部分技术资料，是当初考虑的措施之一。黄旭华说，“船”和“艇”沾边儿，组织上则看中了他宽阔前额下面潜藏的智慧。1959 年，苏联提出中断对中国若干重要项目的援助，对中国施加压力。赫鲁晓夫访华，中国提出希望苏联帮助，但赫鲁晓夫认为，中国人造不了核潜艇，只要苏联有了，大家建立联合舰队就可以了。赫鲁晓夫的傲慢，令毛泽东发出巨人的怒吼：“核潜艇，一万年也要搞出来。”从那时起，黄旭华的人生就牢牢地和核潜艇拴在了一起。

2. 一步到位

核潜艇，被称为集海底核电站、海底导弹发射场和海底城市于一体的尖端工程。黄旭华碰到的第一个难题就是潜艇的形状。可不要小看这个形状，它对于在阻力很大的海水里航行的潜艇来说，有着举足轻重的作用。黄旭华选择了难度很大，但却是最先进的水滴线型为艇体的形状。为了确定水滴线型的可行性，他和同志们在实验室里不知度过了多少个不眠之夜。没有试验风洞和大型水池，没有厚钢板加工设备，关键的是中国还没有陆上核电站。

黄旭华十分清楚，研制核潜艇，美国走了三步，苏联走了五步。中国怎么搞？照美式、苏式，稳妥，但时间拖不起。一步到位，时间短，但风险太大。可是我们有什么理由非走别人的老路不可呢？就像战斗中不能走侦察兵走过的老路而要走侦察兵画给你的最近的线路那样，黄旭华选择了"太多风险"的路——三步并作一步，一步到位。

这是一条看似平坦却步履艰辛的路。当时，国外资料真假难分，虚实难辨。某外刊资料称：为保证导弹发射落点精度，美国打算在艇上装一个65吨重的大陀螺，以稳定其航行状态。但这么大的物体中国不能生产，设计组反复论证分析试验数据，表明没它也行。但专家争论激烈，人家比我们先进都用，我们不用，发射时潜艇翻了谁敢负责？打不中目标谁敢负责？黄旭华想：我们是独立研究，不是抄袭，有什么必要跟在人家屁股后边跑？既然试验可以不装，就应该相信自己的试验——不装，黄旭华拍板定案。后来得知，其实美国压根就没有装，黄旭华总算没上当。

3. 首位亲自下水深潜的总设计师

1988年初，核潜艇按设计极限深度在南海进行深潜试验。这一年黄旭华已经62岁。内行人都明白，这是一次重要的试验，也是一次最危险的试验。几百米在地面上再平常不过，但在水下这可是核潜艇下潜的极限深度，具有很大的危险性。20世纪70年代末，美国核潜艇"长尾鲨"号在深潜试验中还未接近极限深度300米时出事了，核潜艇和艇上160多人全部葬身海底。世界上曾有10多艘核潜艇在进行试验或航行时沉没了，至今无法知道失败原因。

中国核潜艇第一次下水

黄旭华与妻子

中国只有常规潜艇下潜经验，而核潜艇要复杂的多、危险的多。这艘从里到外全部由中国人自己造出来的核潜艇，能闯过首次深潜试验的大关吗？包括有关专家都似有疑虑，有的参试人员做好了牺牲准备，向亲人嘱托了后事。黄旭华也明白：越是危险的试验，越需要沉着冷静，越需要精神集中。黄旭华和同事们再一次检查每一台设备、每一块钢板、每一条焊缝、每一根管道，确认万无一失才决定下潜。按说试验时黄旭华在指挥艇上坐镇指挥就可以了，但他为增强参试人员的信心和掌握第一手试验资料，坚持上艇亲自作深潜试验：50 米、100 米……当到达设计深度时，核潜艇的艇壳每平方厘米要承受几十公斤的压力，巨大的水压使艇身多处发出“咔嗒”“咔嗒”的声响，在水下几百米深处听起来真有点令人毛骨悚然。黄旭华镇定自若，指挥试验人员记录各项有关数据直至最后胜利。终于，潜艇在设计要求深处一切完好，深潜试验成功了，当下水试验的所有任务都按照预想顺利完成后，在场的科技人员终于长长地出了一口气。深潜试验成功了！黄旭华成为世界核潜艇总设计师亲自参加深潜试验的第一人。

由于严格的保密制度，长期以来黄旭华不能向亲友透露自己是干什么的，也由于研制工作实在太紧张，从 1958 年到 1986 年，他没有回过一次老家探望双亲。30 年来，他的 8 个兄弟姐妹不知道他在搞核潜艇，父亲临终时也不知这个儿子在干什么，母亲从 60 来岁盼到 93 岁才见到儿子一面。30 年，别梦依稀。面对亲人、面对事业，黄旭华隐姓埋名 30 载，默默无闻、寂然无名。正是这些无私的科技工作者，在人们难以想象的困难条件下，用智慧、用无坚不摧的爱国精神，谱写出了壮丽的核潜艇诗篇。

三、黄旭华名言

(1)时代到处是惊涛骇浪,你埋下头,甘心做沉默的砥柱;一穷二白的年代,你挺起胸,成为国家最大的财富。你的人生,正如深海中的潜艇,无声,但有无穷的力量。

(2)我们把“自力更生、艰苦奋斗、无私奉献、大力协同”四句话十六个字归纳为核潜艇精神,就是这四句话激励着我们核潜艇阵线广大员工知难而进、奋勇拼搏。

思考

1. 黄旭华有着怎样的潜艇精神?
2. 在遇到困难时,是什么支持着黄旭华继续坚持下来的?
3. 是什么样的情怀让黄旭华甘愿抛家舍业?

案例二 首位获诺贝尔奖的中国本土科学家——屠呦呦

一、屠呦呦简介

屠呦呦,1930 年 12 月 30 日出生,浙江宁波人,祖籍江苏无锡,毕业于北京医学院(今北京大学医学部),中国中医科学院终身研究员兼首席研究员,青蒿素研究开发中心主任,博士研究生导师,中国共产党党员,抗疟药青蒿素和双氢青蒿素的发现者,共和国勋章获得者,诺贝尔医学奖获得者。是首位华人诺贝尔生理学或医学奖获奖者、首位亚洲及华人女性自然科学类诺贝尔奖得主,也是首位接受本土高等教育且在中国大陆进行研究工作的自然科学类诺贝尔奖得主,以及第十一位拉斯克临床医学奖和诺贝尔生理学或医学奖双得主。

2011 年 9 月,因为发现青蒿素获得拉斯克临床医学奖和葛兰素史克中国研发中心“生命科学杰出成就奖”。

2015 年 10 月 5 日,获得该年度诺贝尔生理学或医学奖。

2017 年 1 月 9 日,获得 2016 年度国家最高科学技术奖。

2018 年 12 月 18 日,被党中央、国务院授予改革先锋称号,颁授改革先锋奖章。

2019 年 6 月 17 日,屠呦呦团队发布重大科研突破。

1. 人物经历

1930 年 12 月 30 日,屠呦呦出生于浙江省宁波市,是家里 5 个孩子中唯一的女孩。1946 年,16 岁的屠呦呦不幸染上了肺结核,被迫终止了学业。

1948 年 2 月,休学两年病情好转后,屠呦呦以同等学历的身份进入宁波私立效实中学高中就读。

1950 年，进入宁波中学就读高三。

1951 年，屠呦呦考入北京医学院药学系学习，专业是生药学；在大学 4 年期间，屠呦呦努力学习，取得了优异的成绩。在专业课程中，她尤其对植物化学、本草学和植物分类学有着极大的兴趣。

年轻时的屠呦呦

1955 年，从北京医学院药学系毕业，分配到卫生部中医研究院（现中国中医科学院）中药研究所工作。

2. 科研成果

1969 年，屠呦呦编写了 640 种药物为主的《抗疟单验方集》。

1972 年，屠呦呦和她的同事在青蒿中提取到了青蒿素。

1973 年，为确证青蒿素结构中的羰基，合成了双氢青蒿素，为国内外开展青蒿素衍生物研究打开局面。

1977 年 3 月，以“青蒿素结构研究协作组”名义撰写的论文《一种新型的倍半萜内酯——青蒿素》发表于《科学通报》（1977 年第 3 期）。

1981 年 10 月，屠呦呦在国际青蒿素会议上以首席发言人的身份作《青蒿素的化学研究》的报告，获得高度评价。

2009 年，屠呦呦编写的《青蒿及青蒿素类药物》出版。

2019 年 6 月，屠呦呦团队在“抗疟机理研究”“抗药性成因”“调整治疗手段”等方面取得突破，并在“青蒿素治疗红斑狼疮等适应症”“传统中医药科研论著走出去”等方面取得新进展。

3. 人物评价

以屠呦呦研究员为代表的一代代中医人才，辛勤耕耘，屡建功勋，为发展中医药事业、造福人类健康做出了重要贡献。——习近平

以屠呦呦为代表的杰出科研人员不仅是中医药界的骄傲，而且是整个科技界的骄傲。——李克强

屠呦呦的研发对人类的生命健康贡献突出。她的研究跟所有其

他科研成果都不同,为科研人员打开了一扇崭新的窗户。——诺贝尔生理学或医学奖评委让·安德森

屠呦呦不论是从学术上还是生活上都是一个很了不起的人。作为获奖人,她的经历是独一无二的。——诺贝尔生理学或医学奖评委会秘书长沃尔本·林达勒

科学成果如何评价,论文只是一种方式,和健康相关的成果,必须写在人民群众的健康上,写在祖国大地上,写在人类的史册上。学术带头人、领衔科学家,尤其是在核心位置的领衔科学家发挥的领导作用,对于突破口的选择和重大的技术方案的确定,起到最为重要的作用,屠呦呦是这个群体的最为杰出代表。诺贝尔奖评奖委员会和2011年拉斯克奖委员会做出最后的决定完全是基于科学、客观的事实基础。——全国人大常委会副委员长陈竺

青蒿一握,水二升,浸渍了千多年,直到你出现。为了一个使命,执着于千百次试验。萃取出古老文化的精华,深深植入当代世界,帮人类渡过一劫。呦呦鹿鸣,食野之蒿。今有嘉宾,德音孔昭。——2015年度"感动中国"颁奖词

二、科研历程与经典故事

1956年,全国掀起防治血吸虫病的高潮,屠呦呦对有效药物半边莲进行了生药学研究。后来,又完成了品种比较复杂的中药银柴胡的生药学研究。这两项成果被相继收入《中药志》。

1959~1962年,参加卫生部全国第三期西医离职学习中医班,系统地学习了中医药知识,深入药材公司,向老药工学习中药鉴别及炮制技术,并参加北京市的炮制经验总结,从而对药材的品种真伪和道地质量,以及炮制技术有了进一步的感性认识。之后,屠呦呦参加了卫生部下达的中药炮制研究工作,是《中药炮炙经验集成》一书的主要编著者之一。

1969年,中国中医科学院接受抗疟药研究任务,屠呦呦任科技组组长。

1979年,任中国中医科学院中药研究所副研究员。

1980 年,被聘为硕士生导师。

1985 年,任中国中医科学院中药研究所研究员。

屠呦呦获得诺贝尔奖

1995 年,出席全国劳动模范和先进工作者表彰大会,由国务院授予"全国先进工作者"称号;同年,以"中国政府代表团"代表的身份出席"第四届世界妇女大会"并再次出席全国科学技术大会。

2001 年,被聘为博士生导师。

2011 年 11 月 15 日,中国中医科学院在北京举行"2011 年科技工作大会"。会上授予屠呦呦中国中医科学院杰出贡献奖,奖励屠呦呦青蒿素研究团 100 万元。

2015 年 10 月 5 日,瑞典卡罗琳医学院在斯德哥尔摩宣布,中国女药学家、中国中医科学院中药研究所首席研究员屠呦呦与威廉·坎贝尔和大村智获 2015 年诺贝尔生理学或医学奖。

1. "三无"教授秘诀:踏实+勤奋

屠呦呦,这个名字我们并不陌生,2011 年 9 月,她曾获得国际生物医学大奖拉斯克奖。她是一位用一株小草改变了世界的女科学家。那株小草,就是青蒿,在中国民间又称臭蒿或苦蒿,属菊科一年生草本植物。屠呦呦就是从这样一株小草里,萃取了一种名叫青蒿素的物质,为全世界亿万疟疾病人造福。

不过,做出如此贡献的屠呦呦,既没有博士学位,也没有海外留学经历,没有中国两院院士光环。她说:"我只是一个普通的植物化学研究人员。"

踏实和勤奋是屠呦呦打小就养成的品质。1930 年,她出生于浙江省宁波市。学生时代的屠呦呦因为踏实和勤奋,学习成绩一直名列前茅。25 岁那年,她以优异成绩从北京医学院(今北京大学医学部)药学系毕业,被分配到卫生部直属的中医研究院(现中国中医科学院)工作。从此,她埋头从事生药、炮制及化学等中药研究,一干就是半个世纪。刚参加工作的时候,研究院条件非常艰苦,设备极为简陋,只有用于土法提炼的七口大缸和几间平房,但是,屠呦呦从不抱怨,一心扑在工作上。那时,她身患结核病,仍然坚持去野外采集标本,认真试验,从不耽误。短短几年里,她的半边莲和中药银柴胡两项生药学研究成果,相继被收入《中药志》。

1969 年 1 月 21 日,中医科学院任命屠呦呦为课题组组长,参加全民抗发疟疾“523 项目”。作为课题组组长,她带领团队成员,从系统整理历代医籍入手,四处走访老中医,先后调查了 2000 多种中草药制剂,选择了其中 640 种可能治疗疟疾的药方。最后,从 200 种草药中,得到 380 种提取物,进行小白鼠抗疟实验。

然而,实验进行了 190 次,始终没有获得满意结果,研究一度陷入绝境。面对这种情况,屠呦呦没有气馁,没有停止探索的脚步。她想,当年爱迪生发明白炽灯,仅植物类的碳化实验就达 6000 多种,经历了约 10000 次失败,自己这 190 次失败又算得了什么?

190 次实验,190 次失败,190 次从头再来,屠呦呦终于在第 191 次实验中取得了成功!

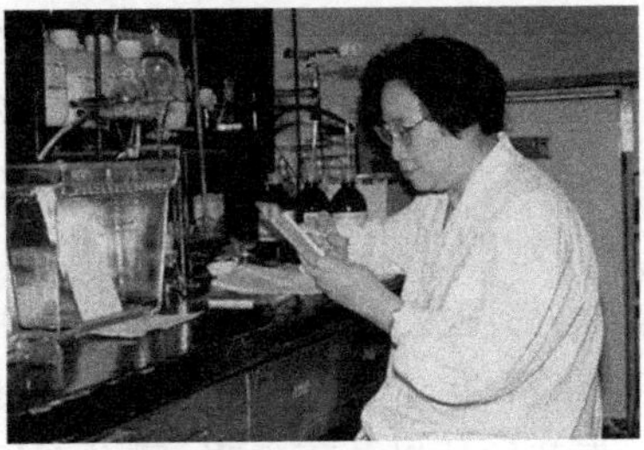
屠呦呦在实验室

成功属于有准备的人,显然,屠呦呦就是一个有准备的人,她用踏实与勤奋,为自己赢得了成功。数学家华罗庚曾说过:科学是老老实实的学问,搞科学研究工作就要采取老老实实、实事求是的态度,不能有半点虚假浮夸。用“一株小草”夺得诺贝尔奖的屠呦呦,正是这句话最好的诠释。

呦呦鹿鸣,食野之苹。《诗经·小雅》的名句寄托了屠呦呦父母对她的美好期待。作为一名药学专业学生,屠呦呦考入北京医学院时就和植物等天然药物的研发应用结下不解之缘。从 1955 年进入中医研究院(现为中国中医科学院)以来,她几十年如一日,埋首于深爱的事业中,将一份份漂亮的成绩单回馈给党和人民。

屠呦呦入职时正值中国中医科学院初创期,条件艰苦,设备奇缺,实验室连基本通风设施都没有，经常和各种化学溶液打交道的屠呦呦身体很快受到损害，一度患上中毒性肝炎。

除了在实验室内摇瓶子，她还常常一头汗两腿泥地去野外采集样本，先后解决了中药半边莲及银柴胡的品种混乱问题，为防治血吸虫病做出贡献；结合历代古籍和各省（区）经验，完成《中药炮炙经验集成》的主要编著工作。“屠呦呦最引人瞩目的成就是发现青蒿素，作为防治疟疾的一线药物，它每年在全世界，尤其是发展中国家，拯救了成千上万的生命，并且在与疟疾这种致命疾病的持续战斗中产生了长远的医疗福利。”拉斯克基金会如是说。

2. 古老的中国智慧

时间追溯到1967年5月23日，我国紧急启动疟疾防治药物研究工作协作项目，代号为523。项目背后是残酷的现实：由于恶性疟原虫对氯喹为代表的老一代抗疟药产生抗药性，如何发明新药成为世界性的棘手问题。

临危受命，屠呦呦被任命为“523项目”中国中医科学院科研组长。要在设施简陋和信息渠道不畅条件下、短时间内对几千种中草药进行筛选，其难度无异于大海捞针。但这些看似难以逾越的阻碍反而激发了她的斗志：通过翻阅历代本草医籍，四处走访老中医，甚至连群众来信都没放过，屠呦呦终于在2000多种方药中整理出一张含有640多种草药、包括青蒿在内的《抗疟单验方集》。可在最初的动物实验中，青蒿的效果并不出彩，屠呦呦的寻找也一度陷入僵局。

屠呦呦查阅古代医药典籍

到底是哪个环节出了问题呢？屠呦呦再一次转向古老中国智慧，屠呦呦一部接一部地翻阅着古代医药典籍，以期获得一点线索或灵感。翻着翻着，她突然眼前一亮，一行文字令她激动不已。那是东晋葛洪的《肘后备急方·治寒热诸疟方》中的一句话：“青蒿一握，以水二升渍，绞取汁，尽服之。”她注意到，这里记载的取汁方法与常规法不同，不是煎熬，而是“绞取”——这是否意味着青蒿里的有效物质不能高温煎熬呢？一语惊醒梦中人，想到此，屠呦呦立即改用沸点较低的乙醚进行实验，在60摄氏度下获得了青蒿提取物。1971年10月4日，一双双眼睛紧张地盯着191号青蒿提取物样品抗疟实验的最后成果。随着检测结果的揭晓，整个实验室都沸腾了：该样品对疟原虫的抑制率达到了100%！

三、屠呦呦名言

(1)我唯一的追求是：抗疟、治病。

(2)其茎，其叶，其花，浓香、淡苦，蕴含丰富的艾蒿碱、苦味素，是大自然送给人类的一种廉价的抗疟疾药。

(3)我喜欢宁静，蒿叶一样的宁静。我追求淡泊，蒿花一样的淡泊。我向往正直，蒿茎一样的正直。

思考

1. 屠呦呦面对科研瓶颈是怎么思考的？
2. 屠呦呦提取青蒿素治疗疟疾是以什么为根据出发的？
3. 屠呦呦的创新体现在哪些方面？

案例三　中国氢弹之父——于敏

一、于敏简介

于敏，1926 年 8 月 16 日，生于河北省宁河县（今天津市宁河区）芦台镇，核物理学家，国家最高科技奖获得者。1949 年毕业于北京大学物理系。1980 年当选为中国科学院学部委员（院士）。原中国工程物理研究院副院长、研究员、高级科学顾问。在中国氢弹原理突破中解决了一系列基础问题，提出了从原理到构型基本完整的设想，起了关键作用。此后长期领导核武器理论研究、设计，解决了大量理论问题，对中国核武器进一步发展到国际先进水平做出了重要贡献。从 20 世纪 70 年代起，在倡导、推动若干高科技项目研究中，发挥了重要作用。1982 年，获国家自然科学奖一等奖。1985 年、1987 年和 1989 年三次获国家科技进步奖特等奖。1994 年，获求是基金杰出科学家奖。1999 年，被国家授予“两弹一星”功勋奖章。1985 年，荣获“五一劳动奖章”。1987 年，获“全国劳动模范”称号。2015 年，获 2014 年度国家最高科技奖。2018 年 12 月 18 日，党中央、国务院授予于敏同志改革先锋称号，颁授改革先锋奖章，并获评“国防科技事业改革发展的重要推动者”。2019 年 1 月 16 日，于敏在北京去世，享年 93 岁。

1. 早年经历

1944 年，于敏考上了北京大学工学院。

1946 年，他转入了理学院去念物理，并将自己的专业方向定为理论物理。

1949年,于敏本科毕业,考取了研究生,并在北京大学兼任助教。

1951年,毕业后,他被钱三强、彭桓武调到中科院近代物理研究所任助理研究员、副研究员。

2. 科研成果

年轻时的于敏

提出世界上唯二的氢弹构型"于敏构型"。

提出惯性约束可控核聚变方面的重要建议。

3. 人物评价

于敏填补了中国原子核理论的空白。——钱三强

原子核理论是于敏自己在国内搞的,他是开创性的,是出类拔萃的人,是国际一流的科学家。——彭桓武

于敏在氢弹研制中发挥了关键作用。——朱光亚

于敏是"一个出类拔萃的人",是"中国的氢弹之父"。——玻尔

离乱中寻觅一张安静的书桌,未曾向洋已经砺就了锋锷。受命之日,寝不安席,当年吴钩,申城淬火,十月出塞,大器初成。一句嘱托,许下了一生;一声巨响,惊诧了世界;一个名字,荡涤了人心。——2014年度"感动中国"颁奖词

二、科研历程与经典故事

氢弹爆炸产生的蘑菇云

1965年,于敏调入二机部第九研究院(中国工程物理研究院前身)。9月,于敏带领一支小分队赶往上海华东计算机研究所,抓紧计算了一批模型。但这种模型重量大,威力比低,聚变比低,不符合要求。于敏总结经验,带领科技人员又计算了一批模型,发现了热核材

料自持燃烧的关键，解决了氢弹原理方案的重要课题。10 月下旬，于敏开始从事核武器理论研究，在氢弹原理研究中提出了从原理到构型基本完整的设想，解决了热核武器大量关键性的理论问题。于敏向在上海出差的全体同志作了系列的“氢弹原理设想”的学术报告，引起了大家的很大兴趣，研究者们普遍认为通过这个阶段的工作，抓紧时间试算两个模型，可以得到很好的结果。

之后，于敏在二机部第九研究院历任理论部副主任、理论研究所副所长、所长、研究院副院长、院科技委副主任、院高级科学顾问等职。

于敏意识到惯性约束聚变在国防上和能源上的重要意义。为引起大家的注意，他在一定范围内作了“激光聚变热物理研究现状”的报告，并立即组织指导了中国核理论研究的开展。1986 年初，邓稼先和于敏对世界核武器科学技术发展趋势作了深刻分析，向中央提出了加速核试验的建议。事实证明，这项建议对中国核武器发展起了重要作用。1988 年，于敏与王淦昌、王大珩院士一起上书邓小平等中央领导，建议加速发展惯性约束聚变研究，并将它列入中国高技术发展计划，使中国的惯性聚变研究进入了新的阶段。

之后，于敏由于身体的原因逐渐退出研究领域，卸任中国工程物理研究院副院长，转而以“顾问”的身份继续为中国的核物理事业提供宝贵的咨询和建议。

由于于敏为我国首枚氢弹的成功研制和核武事业的发展做出了不可替代的重大贡献，因此被誉为“氢弹之父”，由他领衔创立的“于敏构型”，至今仍是世界上保密程度最高的机密之一。

2019 年 1 月 16 日，“两弹一星”功勋奖章、国家最高科学技术奖、改革先锋奖章获得者，中国科学院院士，著名核物理学家于敏，走完了人生最后一段旅程。

1. 记忆力惊人创奇迹

1941 年，成绩优异的他转学至著名的耀华中学。正是在这里，他找到了适合自己的纾困兴国之路。

他在天津耀华中学念高中时，就以各科第一闻名全校，后以学校历年之冠的成绩从天津耀华中学毕业，考入北京大学工学院电机系。

1945年,转入北大物理系后,他的学号1234013总在各科成绩榜单中位列第一,成为众所周知的明星学号,许多人的脑海里,依然留存着关于这个学号和这位"学神"的传奇记忆,当其他同学大都只能拿60分的时候,于敏可以轻松拿到满分。

于敏没有出过国,在研制核武器的权威物理学家中,他是唯一一个未曾留过学的人。于敏几乎从一张白纸开始,依靠自己的勤奋,举一反三进行理论探索。从原子弹到氢弹,按照突破原理试验的时间比较,美国人用了七年零三个月,英国用了四年零三个月,法国用了八年零六个月,苏联用了四年零三个月,主要一个原因就在于计算的繁复。而当时中国的设备更无法可比,当时仅有一台每秒万次的电子管计算机,并且95%的时间分配给有关原子弹的计算,只剩下5%的时间留给于敏负责的氢弹设计。于敏记忆力惊人,他领导下的工作组人手一把计算尺,废寝忘食地计算。

2. 放弃兴趣,隐姓埋名搞氢弹

1951年,于敏在新中国组建的近代物理所里开始了他的科研生涯。这位"北大历史上少见的好学生",被慧眼识珠的彭桓武和钱三强看中,调入1950年才刚刚成立的近代物理研究所工作,从事当时在国内还是一片空白的原子核理论研究。他的才华很快显露出来,到1960年时,于敏已与合作者一起发表了关于费米系统和原子核相干效应等一系列居于国际前沿的研究成果,与后来国际上颇具盛名的相互作用波色子模型十分相似。

就在于敏带着他的原子核理论研究小组,眼看要在基本粒子研究中做出重大成果的关键时刻,一次谈话让他的人生从此转向。

1961年的一天,钱三强找到于敏,告诉他,组织上希望他"转行"到"轻核理论组",参加氢弹理论的预研工作,同时也告诉他,搞氢弹是很难的事情,它牵扯科学、技术、工程各个方面多个学科,并且不太符合他的兴趣,问他愿不愿意?

面对这次任命,于敏没有做太多思想斗争。在抗战沦陷区度过童年的经历使他立志让中国不再受人欺负,从事科研期间,美国绝不允许中国搞氢弹的霸权行为,让他心中只有一个念头:我过去学的东西都可以抛掉,我一定要全力以赴。

1960年年底,在钱三强的组织下,以于敏等为主的一群年轻科学工作者,悄悄地开始了氢弹技术的理论探索。这次从基础研究转向氢弹研究工作,对于敏个人而言,是很大的损失。于敏生性喜欢做基础研究,当时已经很有成绩,而核武器研究不仅任务重,集体性强,还意味着他必须放弃光明的学术前途,隐姓埋名,长年奔波。从此至1988年,近30年时间,于敏过起了隐姓埋名的保密生活。

3. 与死神三次擦肩而过

在研制氢弹的过程中,于敏曾三次与死神擦肩而过。1969年年初,因奔波于北京和大西南之间,也由于沉重的精神压力和过度的劳累,他的胃病日益加重。在首次地下核试验和大型空爆热试验时,他身体虚弱,走路都很困难,上台阶要用手帮着抬腿才能慢慢地上去。热试验前,当于敏被同事们拉着到小山冈上看火球时,已是头冒冷汗,脸色苍白,气喘吁吁。大家见他这样,赶紧让他就地躺下,给他喂水。过了很长时间,在同事们的看护下,他才慢慢地恢复过来。由于操劳过度和心力交瘁,于敏在工作现场几至休克。直到1971年10月,考虑到于敏的贡献和身体状况,才特许已转移到西南山区备战的妻子孙玉芹回京照顾。一天深夜,于敏感到身体很难受,就喊醒了妻子。妻子见他气喘,赶紧扶他起来。不料于敏突然休克过去,经医生抢救方转危为安。后来许多人想起来都后怕,如果那晚孙玉芹不在身边,也许他后来的一切就都不存在了。出院后,于敏顾不上身体未完全康复,又奔赴西北。由于连年都处在极度疲劳之中,1973年,于敏在返回北京的列车上开始便血,回到北京后被立即送进医院检查。在急诊室输液时,于敏又一次休克在病床上。

1967年,中国完成了氢弹核爆试验。从原子弹到氢弹,中国只用了两年零八个月,这是世界上最快的速度。在氢弹研制过程中,于敏提出了从原理到构型基本完整的设想,成为中国氢弹研制中的关键人物。军事迷们都知道,世界上氢弹只有两种构型,而"于敏构型"就是其中的一个,另一个构型诞生于美国。如此,也能看出于敏对国家的贡献有多大!

2015年1月9日上午,北京人民大会堂举行2014年度国家科学技术奖励大会。著名核物理学家、"两弹一星"功勋、中国"氢弹之父"于敏院士获2014年度国家最高科学技术奖。国家主席习近平为他颁奖。

三、人物名言

(1)虽然我搞了一辈子的核武器,但我极力反对使用核武器。

(2)童年亡国奴的屈辱生活给我留下惨痛的记忆,中华民族不欺负旁人,也不能受旁人欺负,核武器是一种保障手段,这种民族情感是我的精神动力。

(3)作为一个年轻的大国,中国不能没有自己的核力量,否则就不能有真正的独立。

(4)我自幼对民族所受欺压有切肤之痛,为了祖国的安全,我愿意为国家和民族的事业贡献自己的一切。

(5)青年人选择职业和专业方向,首先要选择国家急需的。每个人的前途和命运都与国家的兴衰紧密地联系在一起,才会有所作为,才会是一个无愧于祖国和民族的人。

(6)不能见多识广,哪能博学?不能交流又哪来考察的收获?

思考

1. 于敏的创新体现在哪些事件上?
2. 是什么支撑着于敏在科研路上不断前行?
3. 于敏身上有哪些精神是我们应该学习的呢?

案例四　世界杂交水稻之父——袁隆平

一、袁隆平简介

袁隆平，1930 年 9 月出生，江西省九江市德安县人，毕业于西南农学院（现西南大学），中国杂交水稻育种专家，中国研究与发展杂交水稻的开创者，共和国勋章获得者，被誉为“世界杂交水稻之父”。中国工程院院士，美国国家科学院外籍院士。

1984 年 6 月 15 日，袁隆平任湖南杂交水稻研究中心主任。

1985 年，被聘为湖南省安江农校名誉校长、西南大学兼职教授。

1991 年 11 月 2 日，任湖南省农业科学院名誉院长。同年受聘联合国粮农组织国际首席顾问。

袁隆平领奖

1995 年，当选中国工程院院士，湖南省政协副主席，国家杂交水稻工程技术研究中心主任。

2000 年，获得国家最高科学技术奖。

2005 年，被贵州省人民政府聘为贵州省农业科学院顾问。

2006 年，当选美国国家科学院外籍院士。袁隆平先后成功研发出“三系法”杂交水稻，“两系法”杂交水稻，超级杂交稻一期、二期。与此同时，提出并实施“种三产四丰产工程”。

2018 年，被党中央、国务院授予改革先锋称号。

1. **早年经历**

1930年9月7日，袁隆平出生于北京协和医院。

1931年至1936年，随父母居住北平、天津、江西九江、江西赣州、湖北汉口等地。

年轻时的袁隆平

1936年8月至1938年7月，在汉口扶轮小学读书。

1938年8月至1939年1月，在湖南省弘毅小学读书。

1939年8月至1942年7月，在重庆龙门浩中心小学读书。

1942年8月至1943年1月，在重庆复兴初级中学读书。

1943年2月至1944年1月，在重庆赣江中学读书。

1944年2月至1946年5月，在重庆博学中学读书。

1946年8月至1948年1月，在汉口博学中学读高中。

1948年2月至1949年4月，在南京中央大学附中(今南京师范大学附属中学)读高中。

1949年8月至1950年10月，在重庆北碚夏坝的相辉学院农学系读书。

1949年8月到1953年8月，在西南农学院(今西南大学)农学系农作物专业学习。

1950年11月至1953年7月，由于院系调整，相辉学院农学系并入重庆新建的西南农学院农学系，续读3年至毕业。

1951年7月，袁隆平在西南农学院报名参加空军，体检、政审合格，后因在校大学生更需参加经济建设，而未入伍，继续留校学习。

2. **科研成果**

2011年9月，袁隆平指导的"Y两优2号"百亩超级杂交稻试验田平均亩产926.6公斤，创中国大面积水稻亩产最高纪录。

2013年9月，国家第四期超级稻百亩示范片"Y两优900"中稻平均亩产达988.1公斤，创世界纪录。

2017 年 9 月，袁隆平团队培育出的最新“海水稻”喜获丰收，最高亩产达到历史性的 620.95 公斤。

海水稻

2017 年 9 月，国家水稻新品种与新技术展示现场观摩会上，袁隆平宣布获得一项重大突破成果——水稻亲本去镉技术。

2017 年 10 月，超级杂交稻品种“湘两优 900”实现亩产 1149.02 公斤，创下世界水稻单产最高纪录。

2018 年 5 月，袁隆平团队在迪拜沙漠种植水稻初获成功。

3. 人物评价

袁隆平院士是中国杂交水稻事业的开创者，是当代神农。50 多年来，始终在农业科研第一线辛勤耕耘、不懈探索，为人类运用科技手段战胜饥饿带来绿色的希望和金色的收获。他的卓越成就，不仅为解决中国人民的温饱和保障国家粮食安全做出了贡献，更为世界和平和社会进步树立了丰碑。——新浪网

袁隆平是一位真正的耕耘者。当他还是一位乡村教师的时候，已经具有颠覆世界权威的胆识；当他名满天下的时候，却仍然只是专注于田畴。淡泊名利，一介农夫，播撒智慧，收获富足。他毕生的梦想，就是让所有人远离饥饿。——中国科技评奖委员会

二、科研历程与经典故事

1960 年 7 月，袁隆平在农校试验田中意外发现一株特殊性状的水稻。他利用该株水稻试种，发现其子代有不同性质。因为水稻是自花授粉的，不会出现性状分离，所以他推论其为天然杂交水稻。随后他把雌雄同蕊的水稻雄花人工去除，授以另一个品种的花粉，尝试产生杂交品种。

1961 年春天，他把这株变异株的种子播到创业试验田里，结果证明了 1960 年发现的那个“鹤立鸡群”的植株，是“天然杂交稻”。他当

时是一个安江民校的教师,但面对当时严重饥荒,他立志用农业科学技术击败饥饿威胁,从事水稻雄性不育试验。

1964 年 7 月 5 日,他在试验稻田中找到一株“天然雄性不育株”,经人工授粉,结出了数百粒第一代雄性不育株种子。

1965 年 7 月,袁隆平又在 14000 多个稻穗中逐穗检查到 6 株不育株,并在此后两年播种中,共有 4 株成功繁殖了 1~2 代。其研究彻底推翻由传统经典理论米丘林、李森科的“无性杂交”学说,并推论水稻亦有杂交优势。通过培育雄性不育系、雄性不育保持系和雄性不育恢复系的三系法途径来培育杂交水稻,可以大幅度提高水稻产量。

1964 年至 1965 年,两年的水稻开花季节里,他与科研小组在稻田进行杂交育种试验。后在稻田里找到了 6 株天然雄性不育的植株。经过两个春秋的观察试验,对水稻雄性不育材料有了较丰富的认识,根据所积累的科学数据,在大学毕业后工作 12 年左右的他,将成果发表在 1966 年第 17 卷第 4 期《科学通报》上。

1965 年 7 月,袁隆平又在安江农校附近稻田的南特号、早粳 4 号、胜利籼等品种中,逐穗检查 14000 多个稻穗,连同上年发现的不育株,共计找到 6 株。经过连续两年春播与翻秋,共有 4 株繁殖了 1~2 代。

1966 年 2 月 28 日,袁隆平发表第一篇论文《水稻的雄性不孕性》,刊登在中国科学院主编的《科学通报》半月刊第 17 卷第 4 期上。5 月,国家科委九局局长赵石英同志获悉袁隆平发表的《水稻的雄性不孕性》一文后,高度重视,以科委九局名义致函湖南省科委与安江农校,支持袁隆平的水稻雄性不育研究活动,指出这项研究的意义重大,如果成功,将使水稻大幅度增产。6 月,“文化大革命”开始,袁隆平遭受冲击,水稻雄性不育试验被迫中断。

1967 年 4 月,袁隆平起草“安江农校水稻雄性不孕系选育计划”,呈报湖南省科委与黔阳地区科委。6 月,由袁隆平、李必湖、尹华奇组成的黔阳地区农校(安江农校改名)水稻雄性不育科研小组正式成立。

1968 年 4 月 30 日,袁隆平将珍贵的 700 多株不育材料秧苗,插在安江农校中古盘 7 号田里,面积 133 平方米。5 月 18 日晚上,中古盘 7 号田的不育材料秧苗,被全部拔除毁坏,成为未破的谜案。袁隆平心痛欲绝。事发后第四天才在学校的一口废井里找到残存的5根秧苗，继续坚持试验。

1970年，袁隆平从云南引进野生稻，拟在靖县(安江农校又搬迁到了靖县)做杂交，后因没有进行短光照处理而未成功。秋季，袁隆平带领科研小组李必湖、尹华奇来到海南岛崖县南江农场进行研究试验，向该场技术员与工人调查野生稻分布情况。

1971年，湖南省农业科学院成立杂交稻研究协作组，袁隆平调省农业科学院杂交稻研究协作组工作。

1973年，协作组通过测交找到了恢复系，攻克了“三系”配套难关。10月，袁隆平在苏州召开的水稻科研会议上发表了《利用“野败”选育三系的进展》的论文，正式宣告中国籼型杂交水稻“三系”已经配套。

1975年，袁隆平攻克了“制种关”，摸索总结制种技术成功。

1977年，袁隆平发表了《杂交水稻培育的实践和理论》与《杂交水稻制种与高产的关键技术》两篇重要论文。

1986年，袁隆平提出了杂交水稻的育种战略，将杂交水稻的育种从选育方法上分为三系法、两系法和一系法三个战略发展阶段，即育种程序朝着由繁至简而效率越来越高的方向发展；从杂种优势水平的利用上分为品种间、亚种间和远缘杂种优势的利用三个战略发展阶段，即优势利用朝着越来越强的方向发展。根据这一设想，杂交水稻每进入一个新阶段都是一次新突破，都将把水稻产量推向一个更高的水平。这项战略构想的提出，为中国已取得三系法杂交水稻研究、开发成功后开展杂交水稻新探索指明了方向。

1987年7月16日，袁隆平的学生李必湖、邓华风，在安江农校籼稻三系育种材料中，找到一株光敏不育水稻。历经两年三代异地繁殖和观察，该材料农艺性状整齐一致，不育株率和不育度都达到了100%，并且育性转换明显和同步。这一新成果，为杂交水稻从三系法

过渡到两系法开拓了新局面。同年他提出“杂交水稻的发展战略”,即三系法为主的器种间杂种优势利用;两系法为主的籼粳亚种杂种优势利用;一系法为主的远缘杂种优势利用。

1987 年,国家“863”计划将两系法杂交水稻研究立为专题,袁隆平组成了两系法杂交水稻研究协作组开展全国性的协作攻关。历经 9 年的艰苦攻关,1995 年,两系法杂交水稻取得了成功,一般比同熟期的三系杂交稻增产 5% ~ 10%,且米质一般都较好,种植面积达到 6000 亩左右。两系法杂交水稻为中国独创,它的成功是作物育种上的重大突破,再次体现了以袁隆平为首的中国杂交水稻科技工作者的聪明才智,继续使中国的杂交水稻研究水平保持了世界领先水平。

1997 年,他又提出了旨在提高光合作用效率的超高产杂交水稻形态模式和选育技术路线,开始了“中国超级杂交水稻”的研究。这是一道世界级难题,通过攻关研究,2000 年已实现了第一期大面积示范亩产 700 公斤的指标,比当时的高产杂交稻每亩增产 50 公斤左右,尤其 1999 年在云南永胜还创造了亩产高达 1137.5 公斤的高产新纪录,第一期超级杂交稻的推广面积为 3000 万亩。

2001 年以来,袁隆平指导选育成大面积示范亩产 800 公斤、米质优良的第二代超级杂交稻,并于 2004 年提前一年实现第二期超级稻目标。第二期超级杂交稻于 2006 年开始推广,2011 年种植面积达 800 万亩,在大面积生产上比第一期超级稻每亩产量高 50 公斤以上。

袁隆平仍不满足,进一步提出了将常规育种与生物技术结合,攻关第三期超级杂交稻大面积示范每亩 900 公斤目标,经过努力,2011 年、2012 年超级杂交稻第三期目标攻关百亩示范分别达亩产 926.6 公斤、917.7 公斤,标志中国超级杂交稻第三期目标实现。2013 年,启动亩产 1000 公斤的超级杂交稻第四期目标攻关。2013 年 9 月 29 日,第四期超级稻百亩示范片“Y 两优 900”中稻，在湖南省隆回县羊古坳乡牛形村实现百亩平均亩产 988.1 公斤，创世界纪录。2006 年，袁隆平提出“种三产四”丰产工程，即运用超级杂交稻的技术成果，力争用三亩地产出现有四亩地的粮食。2007 年，率先在湖南 20 个县启动实施，已取得非常好的效果。计划在全国推广 6000 万亩，产出 8000 万亩的粮食，等于增加了 2000 万亩粮食耕地，可多养活 3000 多万人。到 2012 年，“种三产四”丰产工程项目扩大到在 50 个县(市、区)实施，面积为 882.2 万亩，增产稻谷达 9.62 亿公斤。截至 2012 年，累计示范推广面积 2000 多万亩，增产 20 多亿公斤，为粮食持续稳定增产做出了新的贡献。2013 年 9 月 29 日，国家杂交水稻工程技术研究中心证实，经农业部测产验收，由“杂交水稻之父”袁隆平院士科研团队攻关的国家第四期超级稻百亩示范片“Y 两优 900”中稻平均亩产达 988.1 公斤，创世界纪录。

2016 年 11 月 19 日，中国工程院院士袁隆平，中国工程院院士罗锡文，以及相关技术专家、测产验收专家来到兴宁，对华南双季稻年亩产 2000 斤绿色高效模式攻关项目进行测产验收。现场实割测得晚稻平均亩产 705.68 公斤(干谷)。同样该攻关模式，2016 年 7 月 20 日，在兴宁经过专家组实割测得早稻平均亩产 832.1 公斤，加上本次实割产量，实现双季超级稻年亩产 1537.78 公斤，创双季稻产量世界纪录。

在 2017 年国家水稻新品种与新技术展示现场观摩会上，袁隆平宣布一项剔除水稻中重金属镉的新成果：“近期我们在水稻育种上有了一个突破性技术，可以把亲本中的含镉或者吸镉的基因‘敲掉’，亲本干净了，种子自然就干净了。”

2018 年 5 月 22 日，位于三亚水稻国家公园的有机覆膜直播试验示范田进行测产验收，测得亩产 1065.3 公斤，创下海南省水稻单产历史最高纪录。

2018 年 10 月，袁隆平及其团队培育的超级杂交稻品种“湘两优 900(超优千号)”再创亩产纪录：经第三方专家测产，该品种的水稻在试验田内亩产 1203.36 公斤。

1. 少年立志

1949 年 8 月，19 岁的袁隆平高中毕业，他决定离开南京，励志回重庆去读农学院。

1953 年 8 月毕业，全班同学都被分到了全国各地，最远的是到新疆去研究哈密瓜。袁隆平到湖南省农业厅报到后，就坐着烧木炭的汽车一路颠簸，到了离黔阳县安江镇 4 公里外的安江农校。

这一呆，就是 16 年。

这个从大城市来的年轻老师上的课让学生喜欢。“他上课上得好，下课还跟学生玩，”当年的学生回忆说，“他不讲究那么多，黑板写满了，他把手一缩，抓起袖子就擦。”

2. 试验逃过劫难

1960 年 7 月，袁隆平曾经在学校试验田里发现了一株“天然杂交稻”，鹤立鸡群，穗大粒大。但是，第二年，“大水稻”的种子播下去，结果，高的高，矮的矮，产量都很低。

但是，这株天然杂交稻启发了他：用人工杂交的办法，可以培植高产的杂交稻。

勾腰驼背埋在稻田里的袁隆平，在 1964 年和 1965 年找到了 6 株雄性不育稻株。

在 60 个瓦钵里面倒腾了两年，培育成功“雄性不育系”后，1966 年 2 月，在中国科学院的院刊《科学通报》上，他发表了第一篇论文《水稻的雄性不孕性》。

这是中国科学院《科学通报》在“文化大革命”停刊前的最后一期。恰好给国家科委九局的一个领导看到了，就发函下来，要求湖南省科委和安江农校支持袁隆平的试验。

“文化大革命”开始不久，“白专典型”袁隆平未能幸免，他的几十个“资产阶级的坛坛罐罐”被“彻底砸烂”，捡回来的几兜秧苗就悄悄藏在学校后面的臭水沟里。

就在要被抓进“牛棚”的时候，工作组却从学校档案里找到了那封公函。

袁隆平因此化险为夷，反倒成了保护对象。更令他惊讶的是，湖南省科委还将"水稻雄性不育"列入科研课题,拨给他科研经费600元,两名"社队来社队去"的学生也被同意留校当他的助手。

但秧苗却再次被毁。1968年5月的一天,试验田被人踩得稀烂,秧苗被拔光。事发后,他找回了5根半埋着的秧苗。让助手尹华奇感到惊讶的是,袁隆平继续干活,丝毫没有追究是谁干的,"他是那种摔摔打打都不记痛的"。

等到第二年6月,他又被派往100公里外的溆浦县低庄煤矿宣传毛泽东思想。两个月后,因为两个助手写信向上面反映,引起湖南省科委和农业厅重视,专门成立了一个科研协作组,才把他调往长沙工作。

3. 开放的科研

从1968年10月,袁隆平他们开始到气候炎热的云南和海南去南繁。

遍寻资料,他发现海南的野生稻资源最多,所以1970年秋天,几个人的科研小组又到了海南崖城镇的南红农场。

这时候刚好《人民日报》发表《农业学大寨》评论,后来袁隆平得意地说,"在外面搞科研,成了'逍遥派',两头都不管。"

南红农场技术员冯克珊上了袁隆平的课,就意识到农场附近的"假禾",很可能就是他们要找的野生稻。它们一大丛匍匐着,穗粒又小又少,一碰就掉,看起来就像野草。他约了袁老师的助手李必湖一起去辨认,然后挖回了一兜雄花异常、花药细瘦没开裂的稻穗。

这株被取名"野败"的野生稻后来成了所有杂交稻的母本。

1971年初,国家科委和农业部又组织了一个全国性协作组。3月下旬,全国18个科研单位的一百多名农业科技人员都来到了南红农场。

此时"野败"的杂交第一代正在抽穗,还没有人知道其科研价值,但袁隆平却毫无保留,把"野败"材料分送给大家做试验。

他这个人做什么都很坦荡,最恨那种保守、自私的做法,湖南农学院(今湖南农业大学)教师罗孝和也是1970年才进入这个科研小组的,他发现,袁隆平从来不搞"山头",只要表现出对课题感兴趣,他就欢迎,给外单位的讲课也一点都不保留。

人多力量大,很快,在用上千个品种与"野败"进行上万次回交转育后,湖南组和江西组、福建组都培育出了几个优良的不育系和保持系。

1974年,袁隆平育成中国第一个强优势组合“南优2号”。经试验种植,两季水稻产量都比常规水稻增产30%以上。

随后,袁隆平又设计了父本与母本分垄间种的栽培模式,还创造出用竹竿“赶花粉”的土办法,将种子产量从亩产5.5公斤提高到40公斤以上。

杂交稻面积开始急速推广,到1998年,全国有一半的稻田都在栽种杂交稻。

等到1981年6月,推了一个小平头的袁隆平去了北京,领了我国第一个也是迄今为止唯一一个特等发明奖。

三、人物名言

(1)成功没有捷径。我不在家,就在试验田;不在试验田,就在去试验田的路上。

(2)人身上最值钱的东西是脑袋里的知识,钱够用就行了,多了是包袱。

(3)我们一生有很多东西需要坚守,如果浮躁了,就难以看清事物的本来面目。有些事情,我们也要勇于放弃,必要的放弃,是另一种意义上的坚守。

(4)科学研究要勇于探索,勇于创新,这个是关键。搞科研,应该尊重权威但不能迷信权威,应该多读书但不能迷信书本。

思考

1. 袁隆平在培育杂交水稻的时候遇到了哪些难题?他是如何克服的?

2. 袁隆平被誉为“21世纪最著名的科学家”,他具有哪些与众不同的品质?

3. 袁隆平培育杂交水稻过程中,哪些事件体现出了他的创新?

第二章　大学生创新案例

案例一　电动液压踝关节矫正板

一、研发背景

近年来,中国的康复事业发展很快,越来越多的人们开始了解并重视康复。随着人们生活节奏的加快,各种疾病和突发事故等原因导致的足内翻和足下垂的患者越来越多,这些疾患给人们的生活带来了诸多不便,而康复训练是治疗此类疾病的主要手段。

目前社会出现了大量足下垂、内翻的患者,常见于昏迷、瘫痪、下肢功能障碍等并发症中。其中97%会出现躯体或精神方面的残疾,11%出现肢体功能方面的残疾。但康复医学是我国医疗的短板,原因有很多,其中一个很重要的原因是专业的康复技术人才及高标准的康复训练器械的稀缺。患者在治疗的过程中面临着物质和精神上的困难。

有学者发现,在脑损伤后,功能是有可能恢复的,即在患病早期保持踝部功能位能预防足下垂。目前,在偏瘫病人的康复中,行走训练主要有两种途径,治疗师协助进行行走训练,以及自行强制训练或借助医疗器械进行训练。瘫痪病人的康复最重要的是解决行走问题,影响行走的往往是小腿三头肌和跟腱部位的踝关节,而踝关节矫正板正是瘫痪病人康复训练的不二之选。目前,康复医疗器械市场广阔,康复器械多种多样,但是由于很多器械结构复杂、成本高,使用效果不尽人意。特别是市场上的同类产品无动力,牵伸角度局限,使用效果差,工作效率低,因此传统的踝关节矫正医疗器械有待改进和创新。

针对上述情况,团队在老师的指导下,共同研发了新型电动液压踝关节矫正板,使其通过牵拉小腿三头肌和跟腱部位,能够有效地矫正小腿三头肌和跟腱部位变形的踝关节,对治疗足下垂、足内翻、足外翻等疾病具有良好的效果。同时,它还能增强治疗效果,提高工作效率,实现对踝关节的矫正康复。

二、基本思路

在现有同类产品的基础上,根据其不足之处进行相应的改进,使其更能满足康复患者的需要。

三、产品设计原理

瘫痪病人在康复治疗的过程中,最重要的是解决其行走问题。而影响行走的往往是小腿三头肌和跟腱部位的踝关节,当踝关节产生了变形,就必须通过牵伸小腿三头肌和跟腱来进行矫正。踝关节的矫正康复是靠自身运动或者是在护理人员的保护下进行恢复训练,或是依靠医疗器械进行康复训练。新型电动液压踝关节矫正板利用两根液压伸缩杆,平行经两端的转轴装在固定板和活动板的相对应面上,构成活动板的平衡翘起结构,可有效提高牵伸小腿三头肌和跟腱的效果,提高工作效率,实现对踝关节的矫正、康复问题。活动板与固定板平行时,指针向下,与角度盘上的零刻度线重合,利用指针自身的重力作用,通过活动板的向上翻转,指针与角度盘之间出现夹角,此时指针所指的刻度就是产品的牵伸角度,患者可以通过不同疾病治疗的需要,随意地控制角度,从而达到最佳的治疗效果。

四、产品技术优势

与现有同类产品相比,目前康复医疗器械虽有多样,但由于结构复杂,成本高,使用效果不尽人意,特别是市场上同类产品无动力、牵伸角度固定、使用效果差、工作效率低,并未真正得到有效应用。而新型电动液压踝关节矫正板正是对这些缺点进行改进和创新,以满足不同病人的需求。

新型电动液压踝关节矫正板通过增加或改进了一些零部件,具有了以下优势：

（1）液压机及液压伸缩杆的动力系统：在固定板与活动板相对应面之间经第二转轴装有液压伸缩杆，平行经两端的转轴装在固定板和活动板的相对应面上，构成活动板的平衡翘起结构，同时在液压伸缩杆上装有动力系统，用于提供动力，使患者站在液压板上通过调节按钮来控制液压板的升降。此装置操作方便，能有效地提高工作效率。现有同类产品没有此类装置，操作起来不方便，降低了使用效果。

（2）开合角度随意控制：活动板向上翘起与固定板水平面的角度为0°~35°的开合结构，且角度可以随意控制，以实现根据不同患者具体情况的需要而调节相应的角度，从而使工作精细度大大提升，更加有利于患者的康复。现有仪器只有几个固定的角度，不能满足不同情况的患者对于不同开合角度的需求，而且每次使用均需手动调节，费时费力，大大降低了工作效率和使用效果。

（3）角度盘和角度指示针：活动板内面装有垂直的角度盘，角度盘直径的中心经第一转轴装有与水平方向垂直的角度指示针，共同构成活动板向上翘起的角度指示结构，可以使使用者清楚地看到仪器开合的度数，提高了工作的精细度，也能够对相关的研究调查提供精确而全面的数据，使康复专业更好地发展。而现有仪器没有此装置，只是有几个固定的角度，使用的方便度较低，效果大大降低。

五、市场环境调查

脑卒中是全世界范围内引起严重残疾的首要原因。在我国人口老龄化日益加速的情况下，脑卒中已成我国国民的第一位死亡原因。我国脑卒中发生率正以每年8.7%的速度上升。中国脑血管病的死亡率是心肌梗死的4~6倍，带来的经济负担却是心肌梗死的10倍。脑卒中给我国每年带来的社会经济负担达400多亿元。中国现存脑卒中病人700多万，每年新发脑卒中病人约有200万例，在世界脑卒中发病地图中处于“高死亡带”。目前，我国脑卒中的发病率依然以较高的速度增长。足下垂是昏迷、瘫痪、下肢功能障碍、长期卧床患者常见的并发症之一，为骨外科体征之一：病人坐位，两下肢自然悬垂，如见足处于跖屈位且完全不能主动背屈与内、外翻，则为足下垂。足内翻分为先天性和后天性两种。先天性的足内翻，是一种发育性畸形，在孩子一出生时就能发现的，由于胫骨后肌痉挛引起的踝关节畸形。足内翻可以发生在单足或双足，在发育过程中，由于足的肌腱和韧带（后侧和深部的）发育出现故障，未能与足部其他的肌腱韧带的发育保持同步，其后果是这些肌腱和韧带将足的后内侧牵拉向下，导致足向下向内扭转，足部的各块骨头因此处于异常的位置上，足部内翻、僵硬，并且不能回到正常的位置。后天性足内翻因腓骨长短肌力弱，不能对抗其拮抗肌力量所致。研究发现，偏瘫患者中97%会出现躯体或精神方面的残疾，11%有肢体功能方面的残疾。有学者发现，在脑损伤后，会出现大量的足下垂、足内翻和足外翻等疾病的病人，而在患病早期保持足踝部位功能能有效地预防足下垂。

六、产品竞争力分析

目前国内市场虽然已经出现矫正足下垂或足内翻的辅助工具，但是这些矫正器大多操作不便，产品无动力、牵伸角度固定且精确度低，而且长期使用后板面表面光滑，有一定的潜在危险性，不利于病人的功能恢复。所以，我们团队在实践探索过程中，在老师的指导下，成功研发出了电动液压踝关节矫正板，而使用新型电动液压踝关节矫正板正是对原有产品所存在的问题进行改进和创新，以满足不同病人的需求。

（1）技术性：电动液压踝关节矫正板使用采用液压伸缩杆的动力系统，使患者站在液压板上可以根据自身病情的需要，通过控制按钮来调节固定板和活动板之间的开合角度，从而更加有效地牵伸患者的小腿三头肌和跟腱，对患者的踝关节训练具有良好的效果。

（2）先进性：市场上所销售的现有同类产品通常只有几个固定的角度可用以调节，且大多采用人力事先调节好角度的方法。这种方法费时费力，精确度低，远远不能满足患者的需要；经过改进后的电动液压踝关节矫正板可以实现0°～35°任意一个角度的调整，患者可根据自我病情，遵循医嘱，利用控制按钮调整踝关节矫正板的角度，最大程度地治疗患者足内翻、下垂、外翻的病症，以此来满足患者康复的需求。

(3)科学性：电动液压踝关节矫正板增加了角度盘和角度指示针，方便医生和患者使用，使器械使用的精确度大大提高，极为便利。增添的防滑垫不仅能够防止患者摔倒，而且还能起到保温的作用。

(4)经济性：目前市面所出售的针对足下垂或足内翻的单独矫正器价格偏高，且不能满足患者单独训练的目的，需要每次到医院进行治疗，所以各种费用加起来是一笔不小的开销。而我们的电动液压踝关节矫正板，采用液压机和液压伸缩杆的动力系统，可以实现0°~35°任意一个角度的调整，且在原来的基础上增加了角度盘和角度指示针及防滑垫，不仅满足了不同患者的训练需要，而且减少了专业护理人员的费用，舒适度也有所提高。此外，它使用起来方便快捷，极大地提高了器械的使用效率，被大多数人所喜爱。

案例二　冬凌草离体培养体系的建立

一、目的及基本思路

目的:采用前期实验室所具有的冬凌草种子,建立综合冬凌草离体培养体系。

基本思路:首先根据实验室已有的针对不同产地冬凌草所含冬凌草甲素、乙素的量,选出冬凌草甲、乙素含量较高和冬凌草甲、乙素含量较低的三个不同地区的冬凌草,以三个地区的冬凌草种子为材料,利用组织培养技术培育出冬凌草无菌苗,即冬凌草甲、乙素含量最高的样品(DLC-G)和不含冬凌草甲、乙素的样品(DLC-D),再以 DLC-G 和 DLC-D 的无菌苗为材料诱导愈伤组织,通过考察外植体、光照及不同激素组合对冬凌草愈伤组织的影响,建立冬凌草愈伤组织的培养体系。

二、作品的科学性、先进性及独特之处

本试验作品冬凌草离体培养以权威科学理论为指导,并进行大量试验,因此研究数据的科学性与精确性不言而喻。同时,作为大学生,在大学本科阶段进行自然科学研究,为将来的学习打下坚实的理论基础,为未来走向临床积累实践经验,具有较强独特性。

在离体培养中,受到各种因素的作用,细胞会分裂进入脱分化,经持续分裂增生成细胞团,进一步发展成为不受亲本植株影响的愈伤组织。愈伤组织培养作为一种最常培养形式,除茎尖分生组织培养和部分器官培养外,其他几种培养形式最终都要愈伤组织才能产生再生植株。而且,愈伤组织还常常是悬浮培养的细胞和原生质体。因此,愈伤组织培养具有多种用途,从正面和侧面均显示出了作品独特的价值意义。

三、作品的实际应用价值和现实意义

我们的作品以精确试验为基础，科学理论为指导开展研究，极具科学价值与现实意义，一方面，可研究植物生长发育及分化的机制、遗传变异规律，对植物遗传育种具有特殊意义；另一方面，该体系可用于细胞培养筛选医药生产上有用的无性系，或用于原生质体培养中的原生质体来源等。

实践证明，冬凌草离体培养体系尤其是愈伤组织培养不仅是一种植物快繁的新手段，同时也是植物改良、种质保存和有用化合物生产的理想途径；冬凌草正常生长周期为一年，而通过冬凌草离体培养体系可以大大缩短其生长周期，这使冬凌草快速、高效、大量繁殖成为可能。

冬凌草的产地较为局限，且需要在合适的季节进行培育，而该体系的建立使冬凌草不受地区、气候和季节等因素的限制，可在人工营造的合适环境中进行大规模培养。

冬凌草药用价值大，培育时间长，现市场上供不应求，而该体系培养出的愈伤组织可以大量培育冬凌草幼苗，从而用来进行大规模种植，因此该培养体系具有巨大的社会价值和经济价值。冬凌草离体培养体系，为以后冬凌草的工业化生产提供理论依据和科学技术。

案例三　肩关节弹力防脱固定带

一、作品设计、发明的目的和基本思路

目的:促进肩锁关节脱位的复位及固定,增加肱骨中上段及近端骨折、锁骨外1/3骨折,以及肩关节脱位、半脱位复位固定后的稳定性,防止因肩部固定、肌肉废用萎缩而造成的肩关节松弛等的并发症,缩短损伤愈合时间,减轻患者后期功能锻炼的难度,减少患者花费。

基本思路:利用弹力带增加骨折端对合,促进脱位复位,对抗上肢下垂重力,减少肌肉萎缩,减轻韧带牵拉,促进康复锻炼。

二、创新点、技术关键和主要技术指标

创新点:①肩关节弹力防脱固定带充分利用生物力学和弹力固定的原理,在肩肘部位采取全程弹力圈固定,对抗上肢重力,持续加压。此固定方法结合内固定或小夹板外固定,在肱骨中上段及近端骨折、锁骨外1/3骨折、肩关节脱位、半脱位及肩锁关节脱位等方面疗效更好,并发症更少,对机体损伤更小,病程更短,费用更低。②采用防脱设计,对肩固定带的应用可防止弹力固定部分从肩外滑落;防脱手环的设计则避免了弹力固定圈自肘后部分脱出。

此两处设计可有效弥补传统固定方法提拉力不足、固定不牢的缺点,达到临床有效固定的目的。

技术关键:①生物力学技术,此外固定带可以顺应骨的力线轴进行加压,使骨折端更易复位,固定更为牢固,更加有利于骨折的愈合。②弹力固定技术,弹力带在此的应用可持续对抗上肢下垂的重力,减少肌肉、韧带的持续牵拉,从而有利于肌肉力量及韧带弹性的恢复,减少康复难度,缩短病程。

主要技术指标:弹力带固定的松紧需根据弹力线圈系数而定,经试验统计、分析得出,弹力线圈系数最适宜的取值为0.77或0.78,对肩带松紧度以局部紧张为宜。

三、作品的科学性、先进性

1. 顺应力线方向固定

与传统肱骨外科颈骨折后采用肩关节外展架固定相比，肩关节弹力防脱外固定器可以顺应骨的力线轴进行加压，固定更为牢固，更加有利于骨折的愈合。

2. 弹力固定，持续加压

与传统肩部固定器材相比，该产品采用弹力带固定肩肘部，能对抗上肢重力，持续加压，降低材料的适应性。

3. 防脱设计

本产品弹力带外有套片包绕，对肩带通过套片前后环固定弹力带肩上部分，避免其向外滑脱；弹力带下方连接防脱手环，可固定弹力带肘部，防止外脱，起到有效固定的作用。

4. 轻便、透气性高，不含金属物，摄片时显影更好

和传统的外展架或石膏固定相比，该固定材料皆由布料制作而成，轻便、透气性好，且 X 线穿透性强，不干扰核磁共振显像，摄片时不需拆下亦可良好成像。

5. 价格低廉

和传统肩关节外展架、石膏固定相比，肩关节弹力防脱固定带成本低、取材简便、价格低廉。

6. 方便灵活、舒适度高

和传统的肩关节外展架和石膏相比，肩关节弹力防脱固定带在固定后期，可在佩戴固定带的情况下做肩、肘关节的小幅度活动，便于患者更早地进行功能锻炼，有效防止肌肉萎缩、骨质疏松及关节粘连，同时也不妨碍肌肉的纵向收缩运动，可以使骨折端相互挤压，有利于骨折的愈合，减轻疼痛、增加舒适度。

7. 固定更牢固

和传统的石膏、肩关节外展架固定相比，肩关节弹力防脱固定带可以顺着患肢的力线轴增加一个对合力，这样不仅有利于骨折端的复位，而且可使复位后的骨折对位更加牢固。

案例四　大蒜素丹皮酚软膏剂的制备

一、产品介绍

大蒜素是三硫代烯丙醚类化合物，存在于百合科植物大蒜的鳞茎中。大蒜素对多种革兰氏阳性和阴性菌均有抗菌作用，对肿瘤及心脑血管等均有积极影响，因此广泛应用于医药和日化领域。在日化方面主要应用于口腔护理方面，如漱口水等。

丹皮酚又称牡丹酚，是毛茛科植物牡丹根皮和萝摩科植物徐长卿全草的主要活性成分，具有镇静、催眠、解热、镇痛、抗炎、抗过敏、抗菌等多种药理活性。丹皮酚在临床上主要是以多味中药的主要有效成分复方应用，也有以单体形式给药，上市的制剂主要有注射剂、片剂及软膏。临床上用于治疗风湿痛、胃痛和其他疼痛、湿疹、过敏性皮炎等，具有较好疗效。丹皮酚经皮给药，克服了治疗湿疹、过敏性皮炎等传统激素类药物副作用大的缺点，具有副作用小、携带方便、持续起效等优点。

本试验依据《时珍国药研究》刊登的一条处方，取其中丹皮与大蒜两味药材，结合它们共同优点，将两者联合制备为混合膏剂，使膏剂的作用范围增加，可能成为一种可以被普遍接受并利用的药物。

二、应用前景

膏剂的给药途径是从皮肤直接到达病灶，参与血液循环，往往比口服疗效快而直接，不伤及胃肠道和器官，不影响口服药使用，不限疗程，可随时停药，患者依顺性较强。本试验创新之处在于：改进了大蒜素合成后的处理过程，将原来的静置过夜，萃取改进为利用挥发油提取器提取。其优点是：节省了试验原料、减少了萃取过程中挥发性气体对人体造成的危害、缩短了试验时间、得到的物质相对较纯。同时把大蒜素和丹皮酚混合加入膏剂中将有效地发挥两种药物的优点，制成混合膏剂将会扩大应用范围，对于皮肤病将会有更好的疗效。近年来皮肤病发病率逐渐升高，影响了人们的生活质量。而丹皮酚和大蒜作为较常见物质，均具有抑菌作用。膏剂较口服药物使用方便，作用直接，患者依顺性较强，是生活中常见的一种剂型。

三、结论

通过对提取的大蒜素和成功合成的大蒜素进行正交试验，选择出了产率最大的大蒜素合成方案。通过薄层色谱法和紫外分光光度法测最大吸收波长，可以得出合成的物质和大蒜中挥发油含有的成分是相同的。由于合成的大蒜素相对于提取的大蒜素而言更纯，且产量更高，故最终选择大蒜素提取方案。大蒜素的不稳定性限制了其应用范围，故通过查文献，将大蒜素进行了包合以增加其稳定性，又探究了如何将包合物破乳以重新将大蒜素提取出来，进而计算出大蒜素的包合率。本试验创新之处在于结合丹皮酚、大蒜素的各自临床应用，且均对皮肤具有保健和治疗作用，制成混合膏剂会扩大应用范围，对于皮肤病将会有更好的疗效。故将大蒜素包合物和丹皮酚制成混合膏剂，为了找到更细腻、更润且不油腻的膏剂原料配比，以原来配比为基础又进行了均匀试验，通过粒度测试、电压测试、耐寒耐热及离心试验，最终选择出粒度均匀且颗粒小、稳定性高的试验方案。药物在皮肤表面能够抑制一定数量的菌，但是如果能够进入皮肤，将会起到更好的作用，由于时间原因及试验条件限制，未能做此方面的研究。制备含量均为1%的混合膏剂，最终做了抑菌试验，含量为1%的膏剂涂抹于纸片上发现混合膏剂抑菌作用要强于单一成分的抑菌作用，已经到达预期的结果。结合两者各自的药理作用，可以推断，两者的混合膏剂增加了对相同菌的抑制作用，能防止蚊虫叮咬，治疗皮肤瘙痒、湿疹等，是一种能对皮肤病起治疗作用的新型药物。

案例五 小米油健康护理产品的开发

小米油中的油酸的结构与人体皮脂膜结构极为相似,与一般化妆品相比更易渗透表皮及内层,不但可以补充皮肤缺失的皮脂,还可以在皮肤表面形成很好的保护膜,从而达到滋养肌肤的功效,对皮肤具有良好的保健护理作用。

据调查,唇膏、口红等唇妆在化妆品中占有很大的比例,市场需求很大,但现存唇妆油脂类成分复杂,品质良莠不齐,甚至部分产品安全性得不到保障,存在着安全隐患,相应产品开发还不能满足市场需求。小米作为粮食,安全性高,富含亚油酸等不饱和脂肪酸,因此本团队拟制备以小米油为主要原料的唇膏、口红系列产品,所有原料均为可食用型。

烫伤属于常见病,又是突发病,根据研究和报道我国轻微烫伤发生率较高,对烫伤后的皮肤修复用品市场需求很大。本团队在对小米油功效的研究基础上,采用烫伤动物模型研究小米油对烫伤皮肤的修复作用,根据其功效设计出以小米油为主要原料的软膏及涂抹制剂。

小米油系列健康护理产品的研发能够充分利用潜在资源,具有较广阔的应用前景及经济价值。

案例六　HTLV-Ⅱ生物传感器的构建及在肿瘤早期诊断中的应用

一、研究背景

人类嗜 T 细胞病毒(HTLV)是包括Ⅰ型和Ⅱ型(HTLV-Ⅰ和 HTLV-Ⅱ)在内的人类逆转录病毒,并与成人 T 细胞淋巴瘤(白血病)、进行性神经退行性疾病和罕见的淋巴细胞肿瘤有密切关系。其中,HTLV-Ⅱ与神经系统疾病、炎症反应、呼吸道反应和死亡率的增加密切相关。

然而,由于 HTLV 家族具有丰度低、尺寸小和序列同源性高等特点,对逆转录病毒 HTLV-Ⅱ DNA 的检测存在很大的困难。鉴于其在生物医学研究中的重要意义,亟待建立一种灵敏度高、选择性好的检测 HTLV-Ⅱ DNA 的方法。

目前,一系列强大的扩增技术,如聚合酶链式反应(PCR)、环介导等温扩增技术(LAMP)、滚环扩增(RCA)、杂交链式反应(HCR)和连接酶链式反应(LCR)作为新方法已应用于检测目标 DNA。但它们具有操作复杂、放大器交叉污染、成本高、特异性差及灵敏度低等缺点,不利于广泛应用。因此,生物医药研究领域迫切需要更加高效、更低成本且切实可行的 DNA 检测方法。

二、主要研究内容

研究了基于点击聚合的新型无标记放大电化学阻抗技术用于 HTLV-Ⅱ的简便快速检测。首先,将 5′端标记巯基和 3′端标记叠氮基的发夹 DNA 探针通过自组装固定在金电极上,该固定化探针被用作特异性捕获目标 DNA(tDNA)的识别单元,发夹 DNA 序列两端的 6 对互补碱基在未与目标 DNA 结合的形态下形成了热稳定的双链茎结构,使叠氮基固定在靠近电极表面的位置,环部可与 tDNA 特异性识别并杂交。杂交后,发夹结构展开,发生了较大的构象变化,形成了刚性双链,使叠氮基远离电极表面,更容易与聚合物结合,该聚合物由1,4-二乙炔基苯(DEB)和4,4′-二氮-2,2′-二苯磺酸二钠盐(DSDA)通过CuAAC反应形成。最后,用EIS对电活性探针的杂交结果进行检测。结果表明,在最佳检测条件下,检测限可达0.171皮米,线性范围为1皮米~1纳米。同时,该传感器对血清样品的检测具有良好的选择性和可靠性。该检测方法灵敏快速,传感器制作简单、方便,试验所用试剂廉价易得,与高密度微电极阵列相容,适合产品化大规模生产和高通量分析,市场前景巨大,具有良好的技术经济指标。

三、研究结果和产品适用性

通过以上研究提出了一种新型、简便、无标记的电化学阻抗检测方法,本方法通过点击反应聚合物介导的发夹DNA探针实现了对HTLV-Ⅱ的定量检测。利用发夹DNA作为捕获探针对tDNA进行特异性识别,显著提高了该方法的选择性。更重要的是,阻抗信号可以通过高效的点击化学反应被成倍放大,并且不需要任何酶和纳米材料。此外,在最佳条件下,该方法的检出限为0.171皮米,线性范围为1皮米~1纳米,对血清中tDNA有较好的选择性和可靠性。该方法具有操作简便、灵敏性好、可靠性高、成本低等优点,并且可以通过更换发夹DNA序列扩展到多种疾病标志物(DNA、蛋白质、病毒)的检测,在DNA检测和重大疾病的早期临床诊断方面具有很大的潜力。

案例七　康君医疗器械有限公司

一、作品综述

本公司基于市场背景的调查,研发了温控型中药超声雾化气疗机、自动化磁振热手部痉挛治疗仪、第一代多功能足底步行感觉模拟训练器、电动液压踝关节矫正板、弹性矫正带五种产品,帮助患者恢复四肢运动功能,尽早恢复健康。

二、研发思路

为了缓解风湿性及类风湿性关节炎、中风等疾病对手部运动造成的损害,公司从药物疗法和物理疗法两个方向出发,运用中药熏蒸和磁振热原理对手部康复器具进行研发。

中药熏蒸具有悠久的历史背景,早在《黄帝内经》中就有“摩之浴之”之说,《理瀹骈文》也曾指出“外治之理,即内治之理;外治之药,即内治之药,所异者法耳”。结合目前市场上的产品,我们发现传统气疗机存在一个严重的不足,即忽略了使用者对于温度的耐受差异性,尤其是脊髓损伤、中风、丘脑损伤等患者,大多存在温度感觉障碍;老年患者及糖尿病患者皮肤功能减退,对于温度的变化感知存在个体差异性,容易低温性烫伤。针对此,公司在市场上现有的传统中药熏蒸气疗机产品的基础上不断地进行改进,研制出温控型中药超声雾化气疗机。

我们也在相应的古典中药书籍中找到了一种不同于中药熏蒸的疗法,《黄帝内经·素问·异法方宜论》中说道:“藏寒生满病,其治宜灸焫,故灸焫者”、“病多痿厥寒热。其治宜‘导引按跷’,故导引按跷者”。中医理论认为气血逆乱及“血菀于上”是中风偏瘫发病的重要病机,中风偏瘫的病位在脑,波及经脉、经筋,与诸多脏器有关。“头为诸阳之会”,脑与诸经脉关系密切,“气”属阳,“血”属阴。在患肢按当时所处的恢复阶段选取相应的经络穴位,建立有序的穴位磁疗法,经络穴位受磁场作用,激发了经络内运行的“气”,加快经气流动,增强了循经感传,有助于“气至病所”“气至有效”,使机体穴位的电阻、电压、电位发生一系列变化,从而调节机体生物电磁的平衡,使气血逆乱及“血菀于上”得到调整,使阴阳平衡。因此,热疗、振动、磁疗三者物理疗法结合,针对手部特定穴位,可更有效地治疗脑卒中患者病后手部痉挛的病症,针对现有产品的缺陷与不足,我们公司在继承、运用传统疗法的基础上,针对手部运动障碍问题,推陈出新,研发出了自动化磁振热手部痉挛治疗仪。

除此之外,公司还从患者足底运动感觉恢复、踝关节运动、步态矫正三个方面出发,成功研发出第一代多功能足底步行感觉模拟训练器、电动液压踝关节矫正板、弹性矫正带三种不同的足部康复医疗器械。

瘫痪病人在康复治疗的过程中,初期患者感觉功能丧失严重,因此运动感觉是影响步行能力与步态的重要因素。目前市场上步行障碍的康复器械中还没有专门针对足底运动感觉进行恢复治疗的,公司成功研发出第一代多功能足底步行感觉模拟训练器,帮助患者进行足部感觉恢复治疗。

另外,中期患者影响行走的主要因素往往是小腿三头肌和跟腱部位的踝关节,当踝关节产生了变形,就必须通过牵伸小腿三头肌和跟腱来进行矫正。踝关节的矫正康复一是靠自身运动或者在护理人员的保护下进行恢复训练,二是依靠医疗器械进行康复训练。目前国内市场虽然已经出现帮助踝关节运动的辅助工具,但是此种矫正器大多操作不便,产品无动力、牵伸角度固定且精确度低,长期使用后板面表面光滑,有一定的潜在危险性,不利于病人的功能恢复。所以公司在实践探索过程中,在老师的指导下,成功研发出了电动液压踝关节矫正板,帮助患者进行踝关节运动。

对于后期患者最重要的问题是解决偏瘫病人在行走过程中有足下垂和足内翻的问题。这些问题对病人的未来康复具有非常重要的影响。目前市场上主要通过传统手工绷带或硬质塑形矫正器进行治疗,手工绷带打法较麻烦、角度不易控制、力度不容易掌握、不易学习。

硬质塑形矫正器采用的材料对腿部和脚部有磨损危害，寿命短，效果相对较差。针对这些现象，我们研发出了弹性矫正带用以偏瘫病人的足下垂和足内翻的矫正。

三、产品竞争优势

1. 温控型中药超声雾化气疗机

提前将温度加热到适宜毛孔张开、吸收药液的温度，将药液运用超声波声能转化为药液分子利于人体吸收，保持治疗温度恒定，治疗环境舒适。

2. 自动化磁振热手部痉挛治疗仪

针对手部特定穴位，结合磁、振、热三种疗法，疗效更显著，治疗仪温度调节范围更广，同时采用伸展位固定方式，使手部处于抗痉挛体位，设计更加科学。

3. 第一代多功能足底步行感觉模拟训练器

采用高质量材料，模拟脚垫、模拟不同地形，配备磁疗鞋垫能更好地通经活血，训练效果更佳。

4. 电动液压踝关节矫正板

采用高质量材料、高技术制造出来的产品相对质量高，寿命长，工作精细；有仪器角度指示针，能使患者更好地调整训练，效果更好；有防滑垫，保证患者使用安全。

5. 弹性矫正带

采用高质量材料、高技术制造出来的产品绷带韧性高，能有效地防止磨损危害，寿命长，治疗效果更好。

四、创业心得分享

作为当代大学生，我们在学校里学到了很多理论性的东西。我们有创新精神，有对传统观念和传统行业挑战的信心和欲望；我们有着年轻的血液、蓬勃的朝气，以及“初生牛犊不怕虎”的精神，对未来充满希望。这些都是创业者应该具备的素质，这也造就了大学生创业的动力源泉，成为成功创业的精神基础。

大学生创业的最大好处在于能提高自己的能力、增长经验，以及学以致用；最大的诱人之处是通过成功创业，可以实现自己的理想，证明自己的价值。但是创业的道路是艰难的，创业的成功与否不一定与知识的积累量成正比，没有很高的学历在创业竞争中也一样能立于不败之地，关键是创业的方向、方式和方法。有的时候还要看准时机，看准市场的潜力。就好比比尔·盖茨，他之所以能财源滚滚，就是因为他看到了计算机在人类生活中会起到越来越大的作用，这个市场有无限的潜力，也就是需求会无限增大。

《谁动了我的奶酪》这本书，通过一个非常简单的寓言故事告诉我们，我们拥有的奶酪其实是在不断变化的，也就是我们在社会上所握有的筹码是不断变化的，不更新就会被用完，不注意保存就会变质。这提醒我们要随时更新自己所掌握的知识与技能。在今后的生活中要不断地学习，充实自己，增加自己的社会竞争力，这样才有利于我们更好地立足于社会，更好地实现我们的创业理想。

在创业道路上，作为大学生，往往急于求成、缺乏市场意识及商业管理经验，对市场营销等缺乏足够的认识，常常盲目乐观。大学生对创业的理解还停留在仅有一个美妙想法与概念上，没有充足的心理准备。对于创业中的挫折和失败，许多创业者感到十分痛苦茫然，甚至沮丧消沉。大家创业，看到的都是成功的例子，心态自然是理想主义的。其实，成功的背后还有更多的失败。看到成功，也要看到失败，这才是真正的市场，也只有这样，才能使年轻的创业者们变得更加理智。此外，在大学生提交的相当一部分创业计划书中，许多人还试图用一个自认为很新奇的创意来吸引投资。这样的事以前在国外确实有过，但在今天这几乎是不可能的了。现在的投资人看重的是创业计划真正的技术含量有多高，在多大程度上是不可复制的，以及市场赢利的潜力有多大。而对于这些，你必须有一整套细致周密的可行性论证与实施计划，绝不是仅凭三言两语的一个主意就能让别人投资的。

大学生的市场观念较为淡薄，不少大学生很乐于向投资人谈论自己的技术如何领先与独特，却很少涉及这些技术或产品究竟会有多大的市场空间。就算谈到市场的话题，他们也多半只会计划花钱做做广告而已，而对诸如目标市场定位与营销手段组合这些重要内容，则全然没有概念。其实，真正能引起投资人兴趣的并不一定是那些先进的不得了的东西，相反，那些技术含量一般但却能切中市场需求的产品或服务，常常会得到投资人的青睐。同时，创业者应该有非常明确的市场营销计划，能强有力地证明赢利的可能性。

就我个人观点，我觉得提倡大学生自主创业无可厚非，但是要建立在不影响学习的基础之上。很多的大学生创业后就整天只懂跑商家，荒废了学业，这是十分不可取的。毕竟不是所有人都是比尔·盖茨。学习就像老鹰飞翔的练习，只有把翅膀练硬了才能飞得更高。用一个比喻：火焰与海水。火焰象征着热情、激情和希望，海水象征着广袤无边、深邃而又冷酷。没有火焰般激情的创业是不可想象的，而往往也会有被市场经济大海吞没的“牺牲品”。市场经济不同情弱者，也不会给任何人实习的机会，大学生创业火焰般的热情是否能够融入市场经济的大潮，仅靠热情是远远不够的，创业意味着冒险和付出，也意味着失败和挫折。王选为此付出了18年呆在实验室里而没有节假日的艰辛，比尔·盖茨苦熬了17年才有今天的成就。大学生创业其中不乏成功者，但肯定经受了种种挫折和市场经济大潮的考验。在经历了最初的创业冲动和付出之后，越来越多的大学生走向成熟和冷静，对创业和成功有了更深的理解。

所以大学生在涌入创业热潮的同时，也要深刻地思考自己的人生方向和自我定位，在学习和工作中不断充实自己、提高自己。无论做什么事情，都是一个自我提升的过程。只要自己从中获得了宝贵的经验，无论最后成功或是失败，都是人生的财富。

案例八　中药艺术精品店

一、团队目标

项目团队致力于为老师和同学们提供种类齐全、价格低廉的具有中药特色的纯手工艺术品。主营业务是经营各种中药艺术品，主要包括香囊、医药标本等具有中医特色的产品。中药艺术品极具中药特色，同时该产品也展现了河南中医药大学的中医内涵和中药文化价值，因此吸引了不少喜爱中医药文化的人。

二、产品特色及优势

1. 中药挂画

中药挂画主要利用中药材自身的形态、气味、颜色及功效，以其茎、叶、果实为原料，采用粘、贴、拼等手艺，通过构图、美化等手法并经过精美装裱等工序制作而成，通过巧妙的设计将中药草的形态和颜色等特征搭配组合，不仅展现了中医药的美学价值，还对中医药文化的传承和发展提供了新的发展思路。巧妙设计组合中药草的形态和颜色，充分展现了别样的艺术效果，同时具有了宣传、装饰等效用。现已开发出宣传画、装饰画、人物画、山水画等几大类中药草艺术品。同时，以中草药为原材料制作出的挂画，不仅具有浓郁的中药文化，更重要的是它还体现出鲜明的中国风格，通过艺术的展现形式将传统节日、民风、民俗等具有中国特色的文化符号融入艺术创作中，这也成为中药挂画创作的一大特色。各种能展现中国传统节日和具有美好寓意的挂画，也成为中药挂画制作中的一大特色。

2. 中药香囊

中药香囊挂件就是将各种不同功效的中药材经加工处理，制成具有驱蚊、驱虫、预防感冒、洁净空气等不同功效的挂件。

3. 中药枕头

中医认为，头为诸阳之会、精明之府，气血皆上聚于头部，头与全身经络、腧穴紧密相连。药理研究证明,某些芳香性药物的挥发成分有祛痰定惊、开窍醒脑,扩张周围血管的作用。使用药枕可以使药物直接作用于头部,从而治病祛邪,平衡气血,调节阴阳。药枕充分发挥了药物治疗、经络调节和生物全息疗法的综合优点,从而起到激发经气、疏通气血、开窍醒目等作用,达到调整脏腑、协调气血等整体调治功效。

三、未来发展规划

1. 扩大新产品的生产量及质量

扩大中药瓷器、小石膏像等相关中药产品的生产量,以及拓宽其销售渠道。瓷器及小石膏像等作为中华传统的物件在当前已普遍流行,大到具有观赏价值的瓷具,小到每家使用的花瓶、碗具,多姿多彩的瓷器文化早已在文化的继承发展中融入了当代中国人的日常生活中。同时,随着近几年中药的发展及现代社会人们对养生的重视,中药艺术品已经不仅仅局限于艺术形式,中药的药学价值和美学价值的结合将成为艺术品的下一个创新点。所以,中药与瓷器的结合(是对创新点的实践与探索)可以作为一个大的突破点,让中药养生与生活结合,让生活与美观结合。同时拓展网络渠道,无论网络宣传还是网络销售都要加强,要做到一年内网络销售额至少达到总销售额的三分之一。

2. 加大宣传力度

建立与社会门店的合作关系,对家居类门店和手工艺品类门店加强合作,提供进货渠道。

案例九　PLPS 技术检测人 EGFR 基因突变的评价及应用

一、研究背景

随着个性化诊疗的兴起，基因突变和单核苷酸多态性(SNP)的检测在临床中扮演着越来越重要的角色。如肿瘤的个性化用药体系已经逐步在我国建立，基于表皮生长因子受体(EGFR)和 Kras 基因突变等分子标志物的肺癌分子靶向个体化治疗模式已经在临床中建立和应用。吉非替尼、厄洛替尼和克唑替尼或西妥昔单抗等已经应用于临床，在我国这种治疗方式正向更多的肺癌和消化系统肿瘤患者推广应用。尤其是非小细胞肺癌(NSCLC)的分子靶向治疗将越来越依赖于 EGFR 基因和 Kras 基因突变位点的检测，因此建立一种快速的、准确的基因突变检测方法尤为重要。

目前的基因突变检测方法，如突变扩增阻滞系统(ARMS)、TaqMan 探针技术等，虽然广泛应用于临床检测工作中，但是其聚合酶链反应(PCR)引物存在以下缺点：

(1)特异性不好，诊断基因突变位点设计引物容易产生非特异性扩增，影响检测效率和准确性。

(2)选择性不好，在高浓度野生型背景下，检测低拷贝能力较差。

(3)敏感性和分辨率较差，引物设计的限制导致检测的敏感性差，分辨率不高。

二、研究方法

(1)设计一种全新的基因突变检测引物体系——多连接引物体系(PLPS)。该引物体系运用短片段引物，即 5~8 个碱基构成的引物。该设计战略具有高基因突变检测能力。该引物可以成为复合的引物，即由三个引物 anchor、bubble-loop 和 detection probe 依次连接而成。anchor，5′端与靶序列有超过 14 个碱基配对的序列，作用是固定靶序列,便于引物发挥作用;bubble-loop,由 3 个碱基组成该引物的核心部分,如"dIdIdI"、"GGG"、"CCC"组成 bubble-loop,并且这 3 个碱基形成的 bubble-loop 与靶序列没有碱基配对,因此形成泡状环,扮演着类似"手臂"和"扁担"的作用;detection probe,5~8 个碱基组成短片段引物,特异性的检测基因突变。PLPS 是个生态的突变检测系统,根据成环碱基种类、个数及与靶序列碱基对位的个数,PLPS 可以衍生一系列的 PLPS。以成环碱基为"dI"的 PLPS 为例,三个"dI"(dIdIdI)的 PLPS 引物有 4 种不同的形式,与靶序列有"0""1""2"和"3"碱基对位,形成类似于 3:0、3:1、3:2、3:3四种形式。为了方便介绍,我们将 3:0称为"大环(large bubble)",3:1、3:2称为"中环"(middle bubble),3:3则为"小环"(small bubble)。因此,我们设计的 PLPS 是一个功能很强大的生态基因突变检测体系。

(2)通过构建 EGFR 基因突变的质粒,初步评价不同形式 PLPS 引物的检测性能。

(3)预测 EGFR 基因热点突变 L858R 突变位点区碱基空间结构,设计多连接引物(PLP)和普通的 TaqMan 探针,建立 Real-time PLPS 检测方法。反复试验优化 PLPS 体系,以构建的 EGFR 基因突变质粒为对象评价大、中、小环 PLP 的检测性能。

(4)优化 PLPS,检测 100 例 NSCLC 临床样本,与 DNA 测序比较,确认 PLPS 检测结果的准确性。

三、研究成果

(1)成功构建了 EGFR 基因热点突变质粒;应用质粒测试出 3 个 dI 与靶序列有 0 个碱基对位形成大环的 PLP,该引物具有高度特异性且敏感性与其他两种引物差别不大的特点;该引物可以检测低至 1~3 拷贝的,在 10 纳克野生型背景下,可以检测 0.1%的突变。

(2)应用建立的 PLPS 和 DNA 测序技术检测 100 例 NSCLC 临床样本,EGFR 基因突变的阳性率分别为 45%和 43%。通过测序比对和进一步商业化试剂盒检测的再次确认,PLPS 结果准确可靠。

(3)采用短片段引物具有高度基因突变检测能力的战略设计的多

连接引物系统(PLPS)敏感性和特异性非常高,可以检测10纳克野生型背景下0.1%的突变,且具备高野生型背景下检测低拷贝的能力。通过与国内外商业化试剂盒比较,结果完全一致。表明PLPS是一项快速、准确,具有高度特异性和敏感性的成熟的基因突变检测技术,可以广泛应用于临床,指导靶向用药。

四、应用前景展望

1. 经济效益分析

《2012中国肿瘤登记年报》(简称《年报》)统计的2003~2009年数据显示肺癌是我国发病率最高的癌症,每10万人中,有54个确诊肺癌,相当于每分钟有一个人确诊为肺癌:按我国人口13亿估算,每年新增肺癌患者65万多,其中80%~85%的肺癌患者为非小细胞肺癌。上述的数据为2003~2009年数据,按《年报》统计的数据推算,2010年至今,肺癌的发病率会更高。目前市场上EGFR检测临床收费为每人2300~3800元,每年的市场份额为1825亿元;假如实际情况下,每10个患者中只有1个检测EGFR突变,那么市场也有23.5亿元,厦门艾德2014年上报销售额为2000万元,市场空间很大。

2. 社会效应分析

《中国间变性淋巴瘤激酶(ALK)阳性非小细胞癌诊断专家共识(2013)版》指导意见:基于EGFR基因突变和ALK融合基因变异等分子标志物的肺癌分子靶向个体化治疗模式已经在临床建立和应用。吉非替尼、厄洛替尼和克唑替尼等EGFR或ALK抑制剂已经应用于临床,在我国正向更多的肺癌患者推广应用。并且指出,非小细胞患者应优选检测EGFR基因突变,突变阴性或未知再检测EML4-ALK融合。检测非小细胞肺癌病人是否存在EGFR基因突变,能对靶向治疗的效果进行前瞻性的预测,为医生临床用药提供良好的参考,提高靶向治疗的准确性和精确性。如果病人存在突变,可以使用靶向治疗,为病人带来积极的治疗效果。如果病人不存在突变,则可为病人寻找其他更适合的治疗手段,既节省了宝贵的时间,也避免了不必要的花费,具有很大的社会效益。

3. 竞争优势分析

相比国内同类基因检测技术,本项目技术及相关产品具有如下竞争优势:

(1)更全面的 EGFR 突变基因检测。应用本技术可以构建出针对 EGFR 的 29 种基因突变引物,可以检测出目前已知的 EGFR 基因突变,覆盖范围更广,360°全方位的筛查 EGFR 基因突变。

(2)高灵敏度。基于 PLPS 开发的试剂盒,具备更高的敏感性,可以检测低于 1~3 拷贝的 EGFR 突变。

(3)高分辨率。在相同拷贝背景下,临床上常用的 ARMS 基因检测技术只能检测 1%的基因突变,PLPS 可以检测 0.1%的基因突变。

综合上述:临床上非小细胞癌的治疗,以靶向药物为主,化疗为辅助;优先检测 EGFR 突变,未突变或耐药患者检测 ALK 或化疗等。因此,利用 PLPS 检测非小细胞肺癌病人是否存在 EGFR 基因突变,为医生临床用药提供良好的参考,提高靶向治疗的准确性和精确性。既节省了宝贵的时间,减轻了患者的痛苦,也避免了不必要的花费,具有很高的社会效益。

下篇　创业案例

第三章　经典创业案例

案例一　马云的数字经济帝国

一、马云简介

马云，中国企业家，1964 年 9 月 10 日出生于浙江杭州，毕业于杭州师范大学，阿里巴巴集团主要创始人，现担任日本软银董事、大自然保护协会中国理事会主席兼全球董事会成员、华谊兄弟董事、生命科学突破奖基金会董事、联合国数字合作高级别小组联合主席。最早的数字经济引领人之一，50 岁时登顶亚洲首富，2019 年世界富豪排行榜世界排名第二十三位，中国第二位，总资产 373 亿美元。现任联合国数字合作高级别小组共同主席。

1. 早年经历

1982 年，马云第一次参加高考，首次落榜，数学只得了 1 分。父亲马来法见他意志消沉，让他蹬三轮车给杂志社送书。

1983 年，马云第二次参加高考，再次落榜，数学提高到了 19 分。之后马云又开始骑着那辆破旧的自行车，穿梭于杭州的大街小巷。

1984 年，马云不顾家人的极力反对第三次参加高考，这次数学考了 89 分，但总分离本科线还差 5 分。由于英语专业招生指标未满，部分英语优异者获得升本机会，马云被杭州师范学院（今为杭州师范大学）破格录取到外语本科专业。

进入大学后，马云变成了品学兼优的好学生，凭借出色的英语稳坐外语系前五名。之后马云当选学生会主席，后来还担任了两届杭州市学联主席。

2. 创业经历

1995年3月，马云从杭州电子工业学院(今杭州电子科技大学)辞职，自己拿出六七千元，向妹妹、妹夫借了1万多元，凑足了2万元准备创业。

1995年4月，中国第一家互联网商业公司杭州海博电脑服务有限公司成立。三名员工分别是马云、马云夫人张瑛和何一兵。

1995年5月，中国黄页正式上线，马云开始以身边的朋友为顾客群体来做生意。此时，离中国能上网还有3个月。

1997年，在得到外经贸部进京成立中国国际电子商务中心(EDI)邀请后，马云决定放弃中国黄页。随后马云和他的团队在北京开发了外经贸部官方网站、网上中国商品交易市场等一系列网站。

1999年3月，马云正式辞去公职，后来被称为“十八罗汉”的马云团队回到杭州，凑够50万元开始了新一轮创业，开发阿里巴巴网站。

2003年5月10日，马云创立淘宝，开始抢夺易趣(ebay)C2C市场。

2004年12月，马云创立第三方网上支付平台支付宝。

2005年8月17日，雅虎宣布以10亿美元现金和雅虎在中国全部资产为代价，换取马云创办的阿里巴巴40%的股份和35%的投票权，马云出任中国雅虎董事局主席，同时获雅虎10亿美元投资。

3. 人物评价

深凹的颧骨，扭曲的头发，淘气地露齿而笑，拥有一副5英尺(1.52米)、100磅(45公斤)的顽童模样，这个长相怪异的人有着拿破仑一样的身材，同时也有着拿破仑一样伟大的志向。——《福布斯》杂志

马云像中国的沃伦·巴菲特。——英国《泰晤士报》

面对阿里巴巴上市，新华社称赞了投资者对中国这家本土企业及其创建人赋予的信任，并称之为“中国奇迹”。——新华社

看到大陆的年轻人这么棒，我感到非常开心。——李嘉诚

二、公司现状

阿里巴巴集团经营多项业务，也从关联公司的业务和服务中取得经营商业生态系统上的支援。业务和关联公司的业务包括：淘宝、天猫、聚划算、全球速卖通、阿里巴巴国际交易市场、1688、阿里妈妈、阿里云、蚂蚁集团、菜鸟网络等。

2019 年 7 月，发布的 2019《财富》世界 500 强：位列 182 位。年营业额 3768.44 亿元（2019 财年），员工数 101958 人（2019 年 3 月）注册资本 59690 万美元。

阿里巴巴办公区

阿里巴巴在 1999 年成立于中国杭州市，通过旗下三个交易市场协助世界各地数以百万计的买家和供应商从事网上生意。三个网上交易市场包括：集中服务全球进出口商的国际交易市场、集中国内贸易的中国交易市场，以及透过一家联营公司经营、促进日本外销及内销的日本交易市场。设有一个全球批发交易平台，为规模较小、需要小批量货物快速付运的买家提供服务。所有交易市场形成一个拥有来自 240 多个国家和地区、超过 6100 万名注册用户的网上社区。

三、阿里巴巴的前世今生

1997 年，加盟外经贸部中国国际电子商务中心——诚商网，开发外经贸部官方站点及网上中国商品交易市场。

1998 年，马云和其他 17 位创建人在中国杭州发布了首个网上贸

易市场,名为“阿里巴巴在线”。

阿里巴巴港股上市

1999 年,阿里巴巴成立,同年 10 月,阿里巴巴获得 500 万美元首轮投资。这笔投资由高盛牵头,参与者还包括富达亚洲风险投资。

2000 年,阿里巴巴获得软银 2000 万美元投资。

2003 年,马云派独立团队在阿里巴巴之外创立淘宝。

2004 年,支付宝从淘宝拆出,做第三方支付。

2005 年,雅虎获得阿里巴巴四成股份,成为大股东。

2007 年,阿里巴巴 B2B 业务在香港上市,上市首日市值超过 2000 亿港元。

2008 年,天猫雏形形成。

阿里巴巴美股上市

2009 年,阿里巴巴办了第一届双十一。

2011 年,淘宝拆分, 阿里巴巴开始多轮重组。

2012 年年初,阿里巴巴将淘宝商城改名天猫。

2012 年,阿里巴巴宣布回购 B2B 业务股票,从港交所退市。

2013 年,马云担任阿里巴巴董事局主席,CEO 一职由陆兆禧接任。同一年,菜鸟网络成立,阿里巴巴布局物流。

2014 年,阿里巴巴在纽约证券交易所上市。

2014 年,蚂蚁金服(今为蚂蚁集团)正式成立。

2015 年,张勇接任阿里巴巴 CEO。

2016 年,阿里巴巴集团大文娱板块成立。

2017 年,阿里巴巴宣布私有化银泰集团。

2018 年，马云宣布阿里巴巴传承计划。

四、面对的问题与解决措施

1. 初识互联网

海博翻译社

1995 年，马云以翻译的身份由杭州市政府委派到美国，结果被骗，被软禁之后逃出陷阱，后来在赌城拉斯维加斯幸运地赚到了 600 美元，后再次被骗，被迫来到西雅图，遇见了自己的教师朋友，他为马云展示了电脑和互联网，指导马云制作了“海博翻译社”的网页并传了上去，于是，“海博”有幸成了有据可查的国内第一家触网的企业。不过，这个网页做得又简单又丑陋，只有文字没有图片。文字说明部分也只有海博翻译社的翻译人数和价格。这是互联网历史上第一个中国企业的网上广告。这个广告改变了中国互联网的历史，也改变了马云的一生。纵观马云创业史，后来的中国黄页，再后来的阿里巴巴、B2B 电子商务、C2C（个人与个人之间）的淘宝等，都和这个广告有关。

马云对这件事记忆犹新，上午 9 点半挂在网上之后，马云就去逛街了。12 点，朋友打来电话说，马云你快来看，有 5 封给你的 E-mail。马云回去一看，真有 5 封 E-mail，有来自美国的、日本的，也有来自欧洲的；有机构和公司，也有当地留学生。信上说，这是我们发现的第一家中国公司的网站，你们在哪里？我们想和你们谈生意。马云当时激动不已，尽管他并不懂网络，甚至对网络可以称得上“文盲”，但直觉告诉他，这玩意儿绝对有戏！喜欢冒险的马云随即萌生了一个大胆的想法：做一个商业网站，把国内所有的企业资料收集起来，然后放到网上向全世界发布，从中收取服务费用。

想得到，还要做得到。马云当即对美国的朋友说：“我们合作，你们在美国负责技术，我回国内去做公司。”—— 一个全球首创的 B2B

电子商务模式，就这样开始有了萌芽。

2. 第一笔原始资金的筹集与中国黄页的建立

马云有了创业的想法后，辞去了杭州电子工业学院英语老师的工作，邀请了 24 个当时正在做生意的好友，并向他们“演讲”互联网产业的光明前景。但是 24 人中有 23 人反对，只有一人赞同，此人叫作何一兵（中国互联网商业化和电子商务应用的开拓者之一，现任浙江博客信息技术有限公司董事长）。

马云与何一兵（右）

一周以后，也就是 1995 年 4 月，马云自己拿出了 6000 元，又从亲友那借了几万元，再加上海博翻译社办公家具的折价和另外两个股东的钱，一共凑出了 10 万元。马云、张瑛（马云夫人，也是杭州电子工业学院的英语教师）、何一兵 3 人一起创办了杭州海博网络公司，公司的实体就是中国第一家商业网站——中国黄页。此时离中国电信开通互联网还有 4 个月。

中国黄页时期马云的名片

3. 艰辛创业

1995 年 4 月 12 月是中国黄页的草创时期，也是马云团队和中国黄页最艰难的时期。中国黄页开办时，由于资金紧缺，只租了一间办公室，只有一台电脑，就是马云从美国带回来的 386。付完一年房租，再买一些办公室用品，那 10 万元创业资金就所剩无几了。据说，最艰难的时候,中国黄页账上只剩下200元资金。资金眼看告罄,但业务局面却迟迟打不开。

因为当时国内的企业和企业家对网络缺乏足够的认识,所以中国黄页在国内业务的开展非常缓慢和艰难。马云团队采用的策略是“兔子先吃窝边草”,几乎所有的朋友的公司和企业都被当成了目标。

中国黄页做的第一个网页是海博网络公司自己。接着做的几个网页都是朋友的企业,开始也都是免费,只有一家朋友企业象征性地给了6000元。朋友再多也是有数的。所有的朋友都被“宰”完了,但常规客户的突破依然遥遥无期。马云他们不得不承担起宣传和普及互联网的重任。那个时候的马云每天出门推销他的网络黄页,说服人家心甘情愿付钱把企业的资料放到网上去。互联网是什么东西?没有人相信他,在那段时间里,马云被人视为一个疯狂的骗子。朋友说起此事,马云毫不在意地说:“我有一副天生的好口才,为什么不能在大街上宣传我的公司?”

一连数日不知疲倦地奔波,精诚所至,金石为开,马云他们终于拿回了第一单生意。这是一家民营衬衫厂付的,虽然只有1.5万元,毕竟是中国黄页业务的第一次真正意义上的突破。

马云为客户演示中国黄页

马云为了说服一家杭州企业,一连去人家的驻地5趟。但这家企业老总老是怀疑马云所谓的电子商务是骗人的玩意。为了说服这位老总,马云为他收集了大量有关电子商务的资料,耐心地向他讲解电子商务是一种新型商业模式,在网上做广告比在其他媒体上做有更广泛的效应。但任凭马云费尽口舌,这位老总还是将信将疑。面对这块难啃的骨头,马云没有放弃。走时他向老总要了一份企业的宣传材料,几天后马云带着一台笔记本电脑又杀了回来,当企业老总看到了电脑上显示的自己企业的网页时,终于同意付款。这件事情在杭州商界一时传为美谈。

4. 吸收人才，技术独立

业务量的问题虽然解决了，但一个问题又萦绕在马云的脑子里。因为在开办中国黄页时，技术方面全靠美国合作者，所以双方在签订合约时，协定中国黄页的收入四六分成，美方占六成，这样，中国黄页的收入大头被美方拿走了。马云很不甘心，脑子里有了自己做网页的念头。

不久之后，马云意外地见到了一个人，这个人在中国黄页的办公室网页下面投了一份简历。这个人就是深圳的李琪（1992 年毕业于中山大学，获得计算机科学学士学位，现为阿里巴巴首席运营官），他来了之后马云就让他研究网页设计，过了一个星期，他做出来了一个网页。李琪的加盟使马云自己做网页的念头很快成为现实。

5. 北上，寻找机会

张朝阳

就在马云及其团队将刚刚开始走入正轨的中国黄页做得有些起色时，他的同龄人张朝阳，此时已经博士毕业于美国麻省理工学院，并在其导师即互联网教父级人物尼葛洛庞帝 2 万美元的投资下，创办了一家名为爱特信的公司；而王志东则因为开发中文之星已经名扬天下，走得比张朝阳还远；即使是比马云晚创业 4 年的同乡陈天桥，当时也进入了上海上市公司陆家嘴集团，可以方便地浏览互联网新闻了。

对于互联网时代的全面到来，马云看在眼里，急在心里。他感到杭州这个城市太小了，既不是全国的信息中心，也不是全国的经济文化中心。当他们到外省（市）发展业务时，上海、广州等大城市根本不买杭州小公司的账。马云感到杭州已经制约了中国黄页的发展并渐渐萌生了将公司总部迁往北京的念头。北京的知名媒体和政府部门成了马云的主攻对象。为了在北京为中国黄页造势，马云首先想到的是，利用一家媒体来发表自己从杭州带过来的关于中国黄页的资料。而这在当时是一件非常困难的事,因为当时政府对于互联网的态度还不明朗,所以北京媒体还不敢大张旗鼓地宣传互联网。而有关网络高速公路的争论也刚刚开始。两种观点针锋相对,一种观点认为,中国不能发展信息高速公路,否则将被西方发达国家所控制;另一种观点认为,中国必须加快发展互联网,否则中国将被数字鸿沟挡在信息时代之外。

当时,马云经朋友介绍认识了《北京青年报》的一个司机。怀着侥幸心理,马云将稿件交给了他,同时塞给他500元。"不管什么媒体,发了就算你的。"司机很有能耐,发了5个媒体,还上了《中国贸易报》头版。马云意识到了《中国贸易报》有眼光,马上找到了该报的总编,两人相见恨晚,连续谈了两天。马云回忆起两人见面时的情形说道:"当时他和我一样不懂互联网,但是他觉得互联网肯定有戏,他说马云,我支持你。"这位总编带马云拜访了国家信息中心的有关负责人。可对方显然不买账,顾左右而言他,话里话外的意思无非是堂堂国家信息中心怎会与一个个体户合作。之后这位总编又带马云拜访了文化部、国家体委等,可同样没有实质进展。

就在这个时候,马云认识了在中央电视台"东方时空"栏目工作的杭州老乡樊馨蔓。樊馨蔓非常仗义,虽然她听不懂马云的网络模式,但却被他的热情打动了。樊馨蔓做了一件对中国互联网功德无量的事,她拍了一部名为《书生马云》的专题片,真实记录了马云在北京的遭遇。之后,事情开始出现了转机。马云在《人民日报》信息部做了一次演讲,时任《人民日报》总编辑的范敬宜,听完马云的演讲后深受启发,第二天就给中央打报告,申请《人民日报》上网。报告很快就批下来了,《人民日报》上网工程启动了。

可就在这个成功的时刻,马云还是保持着清醒,在他看来,北京已经没有他们的机会了,因为大批的外资企业已经开始涌进,对于马云这些既没有钱又没有背景的人来说,想在北京发展,何其艰难。于是思索再三的马云决定返回杭州,开始筹划他的下一步发展计划。马云决定返回杭州筹划中国黄页的下一步发展计划。可是,当他回到杭州时,迎接他的却是当头一棒。

6. 第一次失败

1995年，马云创立中国黄页。当时，中国黄页的确是中国第一家商业网站。可是，就在马云及其团队经过艰苦创业，使中国黄页开始步入正轨之时，竞争对手也纷纷出现了。

马云通过媒体演示中国黄页

1996年初，几乎一夜间冒出了东方网景、亚信、西湖网联等好几家强大的竞争对手，新生的中国互联网市场的竞争骤然激烈起来。面对这种残酷的竞争情况，没几个回合，中国黄页就已经失去了还手之力。当时的情形可以说是惨不忍睹，资金匮乏、资源匮乏、信息匮乏，一度还发不出工资。

为了中国黄页的生存，也为了长远的发展，马云决定让中国黄页与西湖网联合资。中国黄页将资产折合成人民币60万元，占30%的股份；西湖网联所属的南方公司投资140万元，占70%的股份。

事实上，这次合资在一开始就注定了中国黄页的悲惨收场。合资后，马云把战略目标定在打造中国的雅虎，并为此制定了一系列品牌培育策略，但西湖网联的目标是赚钱，为此也制定了一套急功近利的经营策略。

在这种分裂形势下，资本和资源占优势的一方自然有更多的话语权，而中国黄页的核心员工对此自然是极为愤怒，先是何一兵要辞职，然后中国黄页的全体员工要辞职，最后马云也要辞职了，整个事件甚至惊动了《人民日报》。1997年12月，马云率队第二次北上北京。

7. 再次北上，是走是留？

与第一次北上北京不同，马云这次的目的不是去找信息而是与官方合作二次创业。马云受邀率队北上实际上是来加盟EDI，马云出任EDI信息部总经理。

在EDI做了一段时间之后，马云发现，在这里做事很难放开手脚，掣肘太多太强，这里面存在着许多说不清的问题，也有着自己无力改变的事情。处在这种异常尴尬的境地中，马云不甘心就这样受制于人。在一番内心的痛苦挣扎与拷问之后，马云又一次做出了他人生中颇具里程碑意义的决定：南归。1998 年年底，马云突然向大家宣布：我要回杭州了！

8. 回到梦开始的地方——阿里巴巴即将诞生！

1999 年 1 月 15 日，马云和他的团队“十八罗汉”悄然南归。从北京回到杭州，马云成了一位名副其实的“无业游民”。不过，向来志存高远的马云并不为此焦虑，也没有丝毫的茫然。因为此时的马云和他的团队正在酝酿一个更大的创业梦想。

“十八罗汉”

当时的中国互联网一片喧嚣和躁动，人们争相模仿雅虎、亚马逊、ebay 等外国互联网企业的模式，但此时的马云却有一份独有的清醒。在他看来，美国的三种模式都不适合中国，他要推出的是一种新式的 B2B 模式。这就是后来被国内外媒体、硅谷和国外风险投资家誉为与雅虎、亚马逊、ebay 比肩的互联网第四种模式。

1999 年 2 月 21 日，马云向他的朋友、学生和同事筹集了 50 万元的本金。一分耕耘，一分收获，在经过马云及其团队“十八罗汉”的努力下，1999 年 3 月，阿里巴巴网站在杭州正式推出。

9. 好名字就是好开端——“阿里巴巴”的由来

马云自己也表示，取名阿里巴巴是自己最得意的事情之一。“我们选择阿里巴巴这个名字是因为我们希望成为全世界的十大网站之一，也希望全世界只要是商人一定要用我们。既然有这样一个想法你就需要有一个优秀的品牌、优秀的名字让全世界的人都记得住。”

好事多磨，就在马云兴高采烈地去注册域名时，却发现阿里巴巴已经被一名加拿大人注册了。马云对没有在第一时间内注册后悔莫及，他认定这个域名将来肯定会流传全世界，所以他并没有放弃对这个域名的追求，他花费 1 万美元从加拿大人那里买“alibaba. com”这个英文域名，这里值得一提的是，马云当时的启动资金只有 50 万元，为了买这个域名，马云付出的代价可谓不菲。

10. 闭门造车，蓄而不发

1999 年到 2000 年，中国互联网企业在报纸和电视这两种媒介的广告花费总和高达 1.56 亿元，再加上电台及杂志等其余媒介的广告费用，这个数字就接近了 2 亿元。其中，当时最大的门户网站新浪网在 1999 年年底、2000 年年初的几个季度里的广告投放量占电视广告投放总量的第一位。在报刊广告投放方面，当时著名的购物网站 8848 占全国所有网站投放总额的 11%，占据排名第一的位置。除此之外，户外媒体也成为各大网络公司竞相投放广告的目标，在北京、上海、广州、深圳等大城市，户外灯箱广告中曝光率最高的就是新浪、网易、搜狐、中国人等互联网大站。这份数据显示了互联网在当时无限风光的景象，可就在这些网站广告做得如火如荼的时候，马云和阿里巴巴却按兵不动，这与当时那些在京、沪等繁华地区生存的大网站形成了强烈反差。

马云对此的回答是："我们在闭门造车。1999 年回到杭州以后，我们自己商量决定，6 个月之内不主动对外宣传，一心一意把网站做好。"事实上，马云是希望阿里巴巴走一条与其他公司相反的道路，在其他人寻求用大量的广告吸引眼球时，自己踏踏实实地先做好企业，不断提高自己的实力，才有可能超越对手。

当然，这并不是说马云不重视广告的作用。众所周知，为了推广品牌，阿里巴巴最近几年在广告投放方面所花的费用也是很惊人的。但是，这都是建立在企业有了足够实力的基础上，而且，这也并不影响马云和阿里巴巴这个企业踏实做事的风格。不了解互联网历史的人或许会认为，在当时那种形势下，马云和阿里巴巴的"不作为"是很不明智的，他们很可能会因此错过最好的机遇。这种看法实在是太低估马云和阿里巴巴了。事实上，马云和阿里巴巴反其道而为之的沉默，更加激起了媒体的好奇心与窥视欲望。

就在 1999 年 5 月，杭州一家知名媒体刊载了一篇标题为《想做全球贸易，阿里巴巴拒访》的短幅报道。阿里巴巴的神秘激起了许多媒体和新闻记者的兴趣，这不禁让人猜想，或许阿里巴巴的“闭门造车”“按兵不动”“蓄势不发”都是一种欲擒故纵的经营策略。

没过多久，海外媒体也开始对马云表现出极大热情，第一个来到杭州的是美国的媒体《商业周刊》。凭借《商业周刊》的深度且免费的报道，很快，马云和阿里巴巴在欧美一鸣惊人，来自国外的点击率和会员数呈几何增长。就这样，马云没有花一分一毫，就引来了无数媒体甚至是国际性媒体的争相报道。

11. 赌徒的融资

1999 年 7 月，资金已经成为阿里巴巴生存乃至发展下去的首要问题，公司当时处于一种举步维艰的境地，甚至到了马云必须借钱来发团队成员的工资的程度。在这个千钧一发的时刻，阿里巴巴受到来自美国顶级的商业媒体《商业周刊》的关注，这件事情为阿里巴巴带来了众多风险投资者，毕竟《商业周刊》作为全球数一数二的经济杂志，其影响力非常大，它对马云和阿里巴巴的描述，吸引了众多风险投资者对阿里巴巴的关注。

高盛前副董事长迈克·埃文斯出任阿里全球化战略总裁

无疑，当时的马云和阿里巴巴是迫切需要别人进行投资的。可是令人惊异的是，在具体的谈判中，马云拒绝了 38 家投资者。原来，在马云看来，这笔投资虽然可以解燃眉之急，但却是以出让控股权为代价的——这笔投资会占去阿里巴巴比较大的股份。此外，还有一个重要原因，马云这样解释：“希望阿里巴巴的第一笔风险投资除了带来钱，还能带来更多的非资金要素，如进一步的风险投资和其他的海外资源。准确地说，我们需要的不是风险投资，不是赌徒，而是策略投资者，他们应该对我们有长远的信心，20 年、30 年都不会卖的。两三年后就想套现获利的，那是投机者，我是不敢拿这种钱的。（风险投资）很看重团队。”1999 年 8 月，美国著名投资公司高盛向马云伸出了橄榄枝,并为阿里巴巴带来第一笔“天使基金”。1999 年 10 月,由高盛公司牵头,美国、亚洲、欧洲多家一流的基金公司参与,阿里巴巴引入了一笔高达 500 万美元的风险投资。当然,这个数目在当时的风投热潮中,并不算太多,而且高盛的要求也比较苛刻。但是,马云经过一番深思熟虑,还是决定接受这笔风投。这其中有两个原因,一是高盛是全球著名的投资公司,在全球经济市场有着呼风唤雨的能力和极强的市场号召力,对阿里巴巴未来开拓海外市场有很大帮助;二是高盛的规模大,实力雄厚,而且目光比较长远。事实上也确实像马云预想的那样,阿里巴巴创立前期,高盛为其引入了良好的管理体系,使公司的管理逐步正规化。不仅如此,在阿里巴巴发展过程中,高盛公司一直与其有着密切的关系,给了阿里巴巴很多有益的帮助。

第一轮融资取得成功后,走过了起步阶段的阿里巴巴开始了快速的发展。但是,资金依然是发展路上的瓶颈,毕竟,区区 500 万美元并不能解决阿里巴巴发展的所有问题。马云又开始了新一轮的融资,这一次他选择的融资对象是在业界大名鼎鼎,号称网络投资皇帝的日本软银集团的总裁孙正义。2000 年年底,经过和马云多次的接触及对阿里巴巴的深入了解之后,孙正义决定向阿里巴巴投资 3000 万美元。3000 万美元在当时是一个非常巨大的数字。这条新闻在当时的互联网界引起了轰动,人们都认为这下马云和阿里巴巴是交上了好运。可马云就是这样与众不同,在经过一段时间的思考后,他做出了出乎所有人意料的举动,他竟然对孙正义在国内的助手这样说道:“我们只要足够多的钱——2000 万美元,太多的钱会坏事。”孙正义的助手听到马云竟然说出这样的话,当即暴跳如雷,认为这太不可思议了,这个马云实在是太不识抬举了。随后,马云向孙正义说明了这件事。

最终,孙正义选择了让步,答应了马云的要求,而这也是他投资经历中最大的一次让步。2001 年 1 月,经过一番协商之后,软银与阿里巴巴正式签约,由软银投入 2000 万美元帮助阿里巴巴拓展全球业务,同时在日本和韩国建立合资企业。

事后,马云这样对人说:“是的,我是在赌博,但我只赌自己有把握的事。尽管我以前控制的团队不超过 60 人,找我的钱最多只有 2000

万美元，但 2000 万美元我管得了，过多的钱就失去了价值，对企业是不利的，所以我不得不反悔。”

马云与孙正义

12. 淘宝与 ebay 的 C2C 博弈

2002 年，阿里巴巴开始准备进入中国面向消费者的电子商务市场。就像马云后来所解释的那样，这最初是作为应对 ebay 入华的一种防御措施：“我需要通过阻止 ebay 来保护阿里巴巴。”虽然 ebay 瞄准的是个人消费者，和阿里巴巴的业务范围并不重合，但马云还是担心一些大型商户在 ebay 上的活跃会蚕食阿里巴巴的地盘：“那时的中国，只有两家公司理解在线市场，ebay 和阿里巴巴。我特别担心 ebay 的实力卖家会发展起来，最后在 B2B 业务范围内和阿里巴巴竞争。”2002 年年底，马云去东京拜会孙正义。那时雅虎日本刚刚击退了 ebay，软银的地位得以提升。很快，软银答应加入新项目，承诺向阿里巴巴集团的新公司投资 8000 万美元。于是，淘宝于 2003 年 5 月 10 日正式上线，品牌口号是“没有淘不到的宝贝，没有卖不出的宝贝”。

ebay

马云希望淘宝继续保持一种灵活创新的初创企业文化，之所以这样做，多少也是跟 ebay 抢占先机力图垄断市场的行为有关。为了推广自己的网站，ebay 与各大中国门户网站都签署了垄断性的广告合约，防止这些网站显示竞争对手网站的广告。阿里巴巴不得不采取游击式的市场宣传策略，他们在数百家规模小但发展快速的网站和在线论坛上发布广告，而这些都是 ebay 不屑于做的。

ebay 方面信心十足，他们认为凭借自身的全球网络及经验，完全可以扫清所有竞争对手。虽然ebay当时还未能稳操胜券，但无论是ebay，还是新收购的PayPal(1998年12月由Peter Thiel及Max Levchin建立，是一个总部在美国加州圣何塞市的在线支付服务商)都以一种“我们赢得了中国市场”的态度自居，甚至当有迹象表明市场形势有悖于计划时，他们仍保持着集体否认的怡然心态。接下来几年ebay却犯了一个又一个愚蠢而致命的错误，导致ebay在中国的节节衰退。

PayPal 上海总部

首先，企业的官僚作风将上海ebay所剩无几的创业精神扼杀了，更糟糕的是向圣何塞总部层层汇报的制度毫无效率可言。其次，佣金的不断增长让虚拟店铺商家怨声载道，2005年2月甚至在全球范围内将佣金提高了近3%(佣金比例为8%)，数万家店主一起对ebay发起声讨，而ebay依然我行我素，商家的愤怒达到了顶点。中国市场可以转移ebay投资者的注意力，好让他们暂时转移目光，忽略ebay在美国本土出现的问题。

ebay 美国圣何塞总部

更糟糕的是网页设计，中文网站上连客服电话都没有。ebay的中文网站全盘效仿美国网站，使得中国用户与它的距离越来越远。他们明显感觉这个新ebay显得比本土同类网站要“空洞”得多。因此，中国网民就觉得ebay的网站单调、无聊。反观淘宝这一点，除了网站设计更加符合中国本土网民的习惯,淘宝还把自己定位成一个本土大集市,甚至还提供一些非常创新的想法,比如购物者只需点击一个按钮,就能看到最符合他们不同需求和可能感兴趣的商品。如果打开淘宝,你就能明白,带有那个时代标志的成功的中国网站通常会在主页上堆砌各种信息与多媒体图片,需要向下多次滚动才能浏览完整个页面。从一开始,淘宝就是一个中国人专为中国人设计的网站。这种做法的确奏效了。

暂且不论淘宝的影响,倒是 ebay 自家在 2004 年 9 月的一个愚蠢的决定,让许多 ebay 的客户都愤而退出。

ebay 总部的高管们决定把中国站点"迁移"到美国,而不把网站托管在离消费者近一点的中国。本来,互联网是无国界的,在哪里托管网站并不那么重要。但是中国的互联网并不是这样的。中国政府如今在全球积极宣传"互联网主权"理念:国家独立自主地发展、监督、管理本国的互联网事务,防止本国互联网受到外部入侵和攻击。在政府有针对性的监管下,如果把服务器移到美国,那就意味着中国用户将不再能够稳定而流畅地访问 ebay。

果不其然,中国站点一经迁移并整合进全球站点后,ebay 的流量就陡然下降。中国消费者在访问网站时普遍遇到了较长的延时与超时不响应问题。那么人们为何还要苦苦等待收费的 ebay 解决这个问题,而不去选择立即就能访问而且还免费的淘宝呢?

对 ebay 来说,这种迁移的代价也很大。他们通常会在美国西海岸的每个星期四午夜对服务器进行维护,为的是避开星期五的流量高峰。但中国要比圣何塞早 15 个小时(夏时制),这意味着在本应是流量高峰的时段,中国人却没法登录 ebay。ebay 试图与总部沟通以调整维护时间,却是徒劳之举。

终于,一系列的失败操作使 ebay 的形势开始逆转。2003 年,ebay 的市场占有率超过 90%,而在接下来的一年内下降了一半,只勉强超过了淘宝。

此外,ebay 还要面对一个麻烦:在线支付。2003 年 10 月 18 日,在推出淘宝仅 5 个月后,阿里巴巴又推出了自己的在线支付解决方

案——支付宝。三个月后,ebay 才意识到支付宝对他们的威胁。2004 年 1 月,PayPal 在圣何塞筹建了一能实现的在线代管支付解决方案。就在这时,AT&T(美国电话电报公司)在美国就所谓的专利侵权起诉了 PayPal,这不仅影响了 PayPal 在中国的推广计划,也拖累了 PayPal 对在线支付新解决方案的研发。为了能够继续有实效性地解决在中国遇到的问题,ebay 新建立的中国研发中心开始研发自己拟定的支付系统:安付通(AFT)。

ebay 前 CEO 梅洛 · 惠特曼

2004 年 12 月,ebay 正式在中国提供安付通支付系统,算是对支付宝的一种还击。然而就在这时,PayPal 从诉讼中解脱出来,打算重新部署其支付方案,这使得安付通的角色变得尴尬起来,ebay 并不打算做出取舍,而是决定同时采用两种支付方式,这意味着中国的消费者必须在网购时登录两个网站。毋庸置疑,这简直就是灾难。消费者的抱怨如潮水般涌来。

而阿里巴巴也没有闲着,不断改善支付宝的使用体验,比如,利用常见的短信方式来提醒消费者付款成功,并与国内物流企业开展合作。为了扭转局面,ebay 背水一战,ebay 时任 CEO 梅洛 · 惠特曼和一些重要高管暂时从圣何塞搬到上海办公了几个月。但 ebay 在中国的业务发展已经是注定要失败的了。到了 2005 年年末,ebay 的市场份额已经只剩 1/3 了,淘宝则接近 60%。就在淘宝公开声明继续免费两个月后,ebay 也全面停止了收费。之前他们向投资者大谈特谈中国业务发展的光辉前景，此刻他们在中国市场的举步维艰也开始拖累股价。2006 年年初，他们的股票价格从逾 46 美元的高位迅速下跌，到了 8 月只剩可怜的 24 美元。由于跟淘宝洽谈合作事宜没能成功，梅洛 · 惠特曼打算将 ebay 在华业务卖给李嘉诚旗下的 Tom 在线。这家合资公司后来很快就寂寂无闻了。ebay 输掉了中国，而马云的淘宝成为中国 C2C 市场的新霸主。

五、人物名言

（1）那些私下忠告我们，指出我们错误的人，才是真正的朋友。

（2）我生平最高兴的，就是我答应帮助人家去做的事，自己不仅是完成了，而且比他们要求的做得更好，当完成这些信诺时，那种兴奋的感觉是难以形容的。

（3）注重自己的名声，努力工作、与人为善、遵守诺言，这样对你们的事业非常有帮助。

思考

1. 马云的阿里巴巴经历了哪几次转折性的事件？

2. 马云在创业的过程中遇到的哪些机遇和挑战，他是如何应对的？

3. 马云有哪些值得创业者学习与借鉴的精神品质？

案例二 褚时健——从烟王到橙王

一、褚时健简介

褚时健,1928 年出生于一个农民家庭。云南红塔集团有限公司和玉溪红塔烟草(集团)有限责任公司原董事长,褚橙创始人,先后经历两次成功的创业人生,被誉为中国烟草大王、中国橙王。

1979~1994 年,褚时健成功将红塔山打造成中国名牌香烟,使玉溪卷烟厂成为亚洲第一、世界前列的现代化大型烟草企业。1994 年,褚时健当选全国“十大改革风云人物”。褚时健成为“中国烟草大王”。

1999 年 1 月 9 日,71 岁的褚时健因经济问题被处无期徒刑、剥夺政治权利终身。2001 年 5 月 15 日,因为严重的糖尿病获批保外就医,回到家中居住养病,并且活动限制在老家一带。2002 年,保外就医后,74 岁的褚时健与妻子在玉溪市新平县哀牢山承包荒山种橙开始第二次创业。2004 年获假释,后减刑为有期徒刑 17 年,2008 年减刑至有期徒刑 12 年。2011 年刑满释放。

2012 年 11 月,85 岁的褚时健种植的“褚橙”通过电商开始售卖,褚橙品质优良,常常一上市就被销售一空。褚时健成为“中国橙王”。

2012 年,褚时健当选云南省民族商会名誉理事长。

2014 年 12 月 18 日,荣获由人民网主办的第九届人民企业社会责任奖特别致敬人物奖。

2019 年 3 月 5 日,褚时健在云南玉溪逝世,享年 91 岁。

1. 早年经历

1928 年 1 月 23 日,褚时健出生于云南省玉溪市华宁县一个农民家庭。

1949 年,参加云南武装边纵游击队,任边纵游击队 2 支队 14 团 9

年轻时的褚时健

连指导员。

1950~1952 年,任征粮组组长、盘西区区长,期间加入中国共产党。

1953 年,任区长、区委书记。

1955 年,任玉溪地区行署人事科长。同年,与马静芬结婚。

1958~1978 年,被打成右派,下放红光农场改造,后任新平县畜牧场、堵岭农场副场长,曼蚌糖厂、戛洒糖厂厂长。

2. 创业经历

1979 年 10 月,任玉溪卷烟厂厂长。

褚时健被判刑

1994 年,褚时健使红塔山香烟成为中国名牌,他领导的企业累计为国家上缴利税数以千亿计,他以战略性的眼光,强化资源优势,抓住烟草行业发展的机遇,使玉溪卷烟厂脱颖而出,成为地方财政支柱。

1995 年 2 月,一封匿名检举信指控玉溪卷烟厂厂长褚时健贪污受贿。

1999 年 1 月 9 日,褚时健被处无期徒刑、剥夺政治权利终身。褚时健被判后减刑为有期徒刑 17 年。

2001 年,办理保外就医。

2002 年,74 岁的褚时健开始上山种橙子。

褚时健在果园

2009 年,他和老伴联手经营的是一块上千亩的果园,里面产的冰糖橙可以拿到附近的集市上贩卖,标明"褚时健种的橙"还可以每公斤比别的橙子贵 6 元。

2010 年,2000 亩山地种橙子,“褚橙”风靡昆明大街小巷,成为一时人们津津乐道的传奇。

2012 年 11 月 5 日,褚时健种橙的第十个年头,褚橙首次大规模进入北京市场,选择了由鸿基元基金投资的新兴电子商务网站——本来生活网。

2018 年 1 月 17 日,在位于云南省玉溪市的褚橙庄园,云南褚氏果业股份有限公司举办了成立仪式。褚时健儿子褚一斌担起褚橙重任,牵头组建股份公司任总经理,90 岁高龄的褚时健任董事长一职。

3. 人物评价

我很钦佩他,在他身上能感受到企业家精神。他是一个了不起的人。——马云

二、公司现状

红塔烟草(集团)有限责任公司,创业于 1956 年,从一个小规模的烟叶复烤厂到名列中国第一、世界前列的现代化跨国烟草企业集团,红塔集团的发展史,就是一部中国民族工业求新图变、追赶世界先进水平的演进史。

在“山高人为峰”的企业精神指引下,红塔集团坚持“以主业为主,提质创新,增强企业核心竞争力”的工作思路,以消费者为导向,以科技创新带动产品品质不断提高,其主要品牌红塔山连续 7 年蝉联中国最有价值品牌第一名,红塔山、玉溪、恭贺新禧、阿诗玛、红梅在中国烟草行业 36 个名优品牌中占有五席,并与国宾、美登、人民大会堂等一起入选国家烟草专卖局全国卷烟百牌号行列,在国内外享有盛誉,有的出口国际市场,为海外消费者提供了环保、自然、健康、醇和的高品质烟草产品。红塔山品牌在世界品牌价值实验室(World Brand Value Lab)编制的 2010 年度《中国品牌 500 强》排行榜中排名第五十三位,品牌价值已达 121.33 亿元。

除致力于做精、做强、做大烟草外,红塔集团还成功涉足能源交通、金融保险、医药及轻化工行业,独资、控股、参股69家企业,累计对外投资达147.9亿元。

新平金泰果品有限公司于2003年6月17日在玉溪市工商行政管理局登记成立。法定代表人马静芬,公司经营范围包括果林种植;禽畜饲养;自产品的销售。注册资本:1875万元。

三、红塔山的前世今生

1999~2009年,红塔集团加快了在行业内整合重组的步伐,坚持并实践着"大企业、大市场、大品牌"的整合发展思路。

1999年2月,兼并长春卷烟厂,实现了中国烟草业首例跨省兼并的资本运作。

2003年5月,控股红塔海南卷烟有限责任公司。

2003年12月,成立红塔辽宁烟草有限责任公司。

2004年9月,实现与楚雄卷烟厂、大理卷烟厂产供销、人财物的一体化整合。

2008年11月8日,红塔集团重组红河集团昭通卷烟厂。

2009年1月1日开始,昭通卷烟厂正式生产红塔集团红塔山、红梅两个品牌卷烟。

2014年,红塔集团积极融入云南中烟"两统一、两整合"改革。

2016年,云南企业百强名单发布,红塔集团连续11年蝉联第一。

2018年,红塔集团荣获"2018年度国家知识产权优势企业"。

四、面对的问题与解决措施

1. 万事开头难

在临去烟厂报到之前,褚时健对妻子马静芬说了一个怕字,"去烟厂,有点怕"。马静芬觉得很奇怪,一起生活这么多年,丈夫好像从来没怕过什么。无论在农场还是在糖厂,他从来都游刃有余地工作,没有过一丝胆怯。褚时健对工厂的生产和经营丝毫没有恐惧,他干过工厂,他知道经营之道万变不离其宗。

糖厂和烟厂在最根本的一些问题上是没有两样的，所以他心里很有底，按他的话来说就是非常有谱儿。他甚至在心里已经对烟厂的生产有了一些小小的谋划。他所怕的不是事，而是人与人之间的复杂人际关系。

中国人之间的不信任和原始敌意在"文化大革命"后几年时时围绕在人周围。在玉溪卷烟厂，一个空降而来的厂长必然会受到被孤立待遇。卷烟厂历来都有内部提拔干部的传统，当时烟厂的领导班子不包括褚时健共有 12 个人，在这些人中除了有两名是老革命干部，其余的全部是内部提拔的。他们对于上级安排的外来"空降兵"有着本能的排斥。

这种情况并非只有玉溪卷烟厂一家存在，当时国有企业在几十年固有的"大锅饭"体制下，凡是外来的领导或员工都会受到排挤。

褚时健为此找了时任地委书记胡良恕："我去烟厂，书记要给我一把尚方宝剑。"胡良恕说："讲。"褚时健说："我是一个外派的领导，您也知道玉溪卷烟厂的情况，人事关系比较复杂，派系斗争依然存在。我夹在中间必然很难开展工作，您只要给我一年的时间，我就能够改变这种情况。希望您答应我一年内，凡是到地委告状、请愿、上访等闹事的人，一律驳回，由我来处理。"

胡良恕一口答应，随后召开地委工作会议，以会议纪要的形式写入文件中。这一决议的执行为褚时健走马上任扫清了一大障碍。1979 年 12 月，胡良恕调离，新任的地委书记李孟北与褚时健打过交道，彼此了解，同样按照决议不遗余力地给了他大力支持。

刚到卷烟厂的褚时健

褚时健第一步棋，顺利。

经济发展越是相对落后的地区，这种情况越严重。尽管有了心理准备，但看到的情况依然让他十分震惊。

在车间的生产线，很多时候都是一

名工人干活儿,其他工人要么在围观,要么在闲聊、打盹儿。极少一些干活儿卖力的工人也被议论为"憨傻",很多职工认为干多干少一个样,干与不干一样。况且当时烟厂干活儿越卖力,产量越多,积压的产品越多,这无异于自找麻烦。

1978 年玉溪卷烟厂的产量是 27.5 万箱,利润完成 9000 多万元。1979 年总产量是 30 万箱,与 1978 年差不多在同一个水平上。但是,30 万箱里,有 6 万多箱积压在仓库里,还有很多退货。红梅香烟是拳头产品,退货率也最高。一翻财务的表格,有时某一天的退货量比销售量还要大。

20 世纪七八十年代的玉溪卷烟厂二车间

大多数退货都是因为质量问题,一包烟应该有 20 根,却很多是十八九根;一条烟是 10 盒,居然能装成 9 盒。香烟的外包装箱质量也很差,经过长途运输,很多纸箱还没到客户手中就已经破烂不堪了。因此,很多香烟销售单位拒绝销售红梅香烟,于是,空旷的厂电影院不放电影,用来堆放退货了。

后来褚时健用一句话总结当时的玉溪卷烟厂:员工是软、散、懒,车间是跑、冒(气)、滴(水)、漏(原料)。

褚时健还发现烟厂厂区内有成群的鸡、鸭到处乱跑,他找到负责后勤的人了解情况,得到的解释竟然是因为职工生活艰苦,为了改善生活才在厂区养这些鸡、鸭的!

当年在新平糖厂时期,他对甘蔗的摆放、榨糖机的清洗都有很严格的要求。但在级别比新平糖厂高出许多的烟厂,竟然看到烟丝遍地、散支烟东一根西一根,地面好像已经很久没有清理过。褚时健把自己的火压了又压:"你们就是这么搞企业的?"

最为糟糕的场景出现在褚时健到厂几个月后。1980 年年初,云南省召开了一次大规模的香烟评吸会。参加评吸会的除政府相关组织部门的负责人、全国的烟草公司外,还有来自全国各地的糖烟酒公司。

这些糖烟酒公司通常会成为评吸会上烟草公司的未来客户。因此参加评吸会、争取订单成为各个烟草公司确定下一年度生产任务和利润的重要依据。每个烟草企业都会将最好的产品带到评吸会，让烟草评吸专家评判。

褚时健自然也非常重视这次评吸会。他从厂里产量最高的红梅烟中精挑细选了一部分参加这次评吸会。现场的十多名专家在评吸红梅时，只吸了一口就给出了评语：烟丝质量差，长短不一，烟梗较多，烟叶的成熟度不够，缺乏烟草固有的香气。卷烟用的纸张很劣质，薄、脆，轻轻一按就裂开，包装箱也是又薄又差。当评委当众念出“辣、苦、呛”的评语时，褚时健坐不住了，打了个手势让念评语的评委停下来。他站起身：“谢谢大家，情况确实令人恼火。下次来我们一定争取让各位专家满意。”

这次评吸会对好强的褚时健来说是一次痛苦的经历，红梅烟的评价深深地刺激了他的自尊心。从小时候在村子里看见精良的米轨和米其林火车，甚至小小的铁皮饼干盒，到新平糖厂自己带领工人用自力更生改造出来的榨糖机制出的特级红糖，他褚时健知道什么是“好东西”，他怎么能让经过自己手的产品在这样的场合遭受如此恶评？

他很愤怒，很沉重，但他一点也不沮丧，认输不是他的性格。他相反有一丝兴奋，因为他觉得自己需要做的事情比想象中要多得多，有挑战和忙碌的日子是他喜欢的，正如他自己所说，“生活可以过得有点意思了”。这份有意思的生活不是那么容易过的。首先他的搭档们就给了他几个下马威。

能够想象，一个 12 人、分成“八派”“炮派”两派的领导班子会是怎样的互相拆台。褚时健的工作刚刚开始，并没有考虑太多两派之间的复杂关系。一次，因为车间开始上过滤嘴的项目，有车间专门负责用金粉给烟嘴打上钢印，但有四个“炮派”的工人就是不去上班，理由是：金粉对人身体有害，并且让车间主任去找“八派”的人来干活儿。这明显就是故意旷工，但因为这四个工人与一位副厂长同属“文化大革命”时期的“炮派”，很是肆无忌惮。车间主任缺人干活儿，到办公室来给褚时健汇报，褚时健火了：“你叫人先去顶岗，到月底发工资，你记住不要发这几个的。”到了月底，四个工人来找褚时健：“为什么不发我们工资？”褚时健回答说：“除了不发工资，奖金也不发，这是惩罚你们旷工。”这几个工人转头就去找副厂长。以前也发生过这样的情况，都因为上级领导考虑派系斗争，为平衡关系，稀里糊涂就过去了。这几个工人没想到，副厂长刚走进褚时健办公室，刚开口，褚时健就指着他的鼻子说：“你听着，到底是什么情况你我都清楚。我告诉你，你要支持他们在工厂作乱，我就先把你这个副厂长撤了，你信不信？”

副厂长呆住了，以前的局面不是这样的呀？这位黑脸厂长到底属于什么情况？他跑到地委向自己相熟的领导，早年也属于“炮派”的人告状，没想到对方也劈头盖脸骂了他一顿：“不看看什么时候了？以后配合好褚时健就行了！”

褚时健知道，这是胡良恕书记和自己的协议开始起作用了。

褚时健一进工厂就摆出了姿态：我是来做事的。我不会因为要保全职位而讨好搭档或工人。

邱建康（1955 年 1 月 1 日生，云南昆明人。红河卷烟总厂厂长、党委书记。1969 年 2 月至 1990 年 3 月，在玉溪卷烟厂工作）一次看见一个向来无能的车间主任在路上向褚时健汇报工作，因为言之无物，褚时健根本不回应，边走边听，最后停下来严肃地对那位车间主任说：“啰唆半天，你没有一句重点，你回去好好研究业务然后再来找我。”这一幕让邱建康很受触动：这个厂长不一样。

“炮派”和“八派”的斗争开始慢慢消停，但党委书记的问题却越来越明显。

20 世纪七八十年代的国企，党委书记和厂长之间的故事大概都足以写一部斗心小说。1979 年 7 月中央开始对国企进行改革，一定程度上对企业领导放权，主要就是对厂长放权。党委书记的权力完全不能忽视，所以在工厂里，最终决定权一直是个问题。政府领导对这种矛盾大都是语焉不详、模糊处理，所谓的为了平衡关系，反而让矛盾累积激化。

褚时健遇到的这位党委书记搭档就是一位对权力非常在意、对生产毫无兴趣的领导。褚时健到了工厂后，他明显感觉到了褚时健的强势作风。大概感觉到权力越来越不在自己手里,这位林姓党委书记开始在工厂逃避所有矛盾冲突。甚至有一次因为调资,工人把厂领导的办公室包围起来的时候,这位书记端着茶杯一走了之并说道,你们找褚厂长。

褚时健最开始认为党委书记只是明哲保身,直到一天他知道书记不干工作,大把闲余时间都用来组织材料告自己,而且已经罗列了几条诸如褚时健霸道、褚时健管理工人不当之类的罪名,要求地委撤下时,褚时健才知道党委书记还有不磊落的不良工作作风。

褚时健的反击方式和党委书记不一样,他跑到地委,找到书记胡良恕直截了当:“他干,我走。要我干,他必须走。”

最后,林姓党委书记被调走,地委派出了一位与褚时健早年就相识的老专员出任烟厂党委书记。褚时健在调换党委书记的过程中,对领导班子进行了大调整,稳定了队伍,基本统一了领导班子的意见。

锅炉事件大概是褚时健年老后最津津乐道的一件事情,大凡涉及自己手上的技巧,他都表现得很是眷恋、很值得回味。

锅炉是烟厂生产的重要设备之一,卷烟和复烤都需要锅炉完成。长时间运转下,锅炉的折旧率很高。玉溪卷烟厂有两台锅炉,已经使用了十多年,也遇到过几次大修停产的事情。以前烟厂的领导不懂锅炉技术,一旦出现问题就停工停产一个多月以上,极其影响生产,但大家也不着急。

褚时健到烟厂工作不久,技术难题就来了。两台锅炉中的一台出现故障,需要大修。当时正是烟叶复烤的季节,如果锅炉跟不上,烟叶就面临霉变,这样下去损失就大了,而且还极有可能连带造成工厂停产。褚时健立即找来了维修部门的负责人,询问维修工期。

“以前革委会张主任带着我们修一般都四十八九天,褚厂长我看你还比较懂行,要不我们让你 8 天,40 天修好吧。”车间维修工貌似开玩笑,但实际上很挑衅。

褚时健也不生气:“你要不要听听我的时间? 4 天! 是我让步还是你们让步你看着办。我如果让步,对国家不好交代,你要让步,大家都好说。”

维修工们不出声，褚时健强调了一句："4 天必须修好。""那我们就不敢修了。"维修负责人准备撂挑子。

褚时健已经预料他要来这个，卷了卷袖子："你不是说以前的主任是亲自指挥吗，这次我也来和你们一起修。"

褚时健开始按照自己的想法进行维修安排，他把工序增加到 5 道，然后从别的车间调人过来，18 个人，让 5 道工序同时进行，24 小时不停，不再像以前那样一道工序一道工序地进行。

连续奋战 3 天之后，褚时健的身体有点撑不住了，周围的职工都劝他回去休息一下再过来。他到家刚刚躺下，就有人跑过来叫醒他，告诉他锅炉修好了，出蒸汽了。原计划 4 天修好的锅炉，只用了 3 天半的时间就开始正常运转了。褚时健到现场察看了情况之后，确认锅炉已经修好了。他转头问工人："你们不是说以前主任带都要 48 天吗？你看这次几天就修好了！"

工人回答得直接："以前让我们苦战 15 个昼夜也不给我们喝一碗稀饭。不像现在，晚上还有加餐，那么一大碗肉酱米线。"褚时健笑了，他对所有参与维修工作的工人说："娃娃们，再给你们点福利，你们全部放假 4 天，另外这个月再加 4 天加班工资！"工人一阵欢呼。

经历种种，褚时健在玉溪卷烟厂江山已定。

2. 安居乐业

褚时健在戛洒糖厂时就以擅长生活建设著称，戛洒糖厂的生活福利之高令当时整个新平的工厂员工都艳羡不已。对于褚时健而言，在戛洒糖厂建设生活福利，最开始有自己被打倒在基层后用生活乐趣排遣内心郁闷的作用，但是久而久之，他感受到一点，保证员工生活福利其实是搞好生产的前提和后续保证。这种实实在在的收益比做几个月的思想工作管用得多。

所以在玉溪卷烟厂，褚时健在 1980 年就向职工们承诺：半年内建三幢职工宿舍楼，改善职工住宿条件。这是他进工厂第一天就有的打算，烟厂职工住宿条件实在差，在他看来让大家住好是当务之急。上班没几天，他就把财务科的人叫来问，厂里用于基建的钱还有多少？财务告诉他：还有 170 多万元。褚时健当时觉得简直不可思议，170 多万元！按当时的基建费用，工厂盖职工宿舍楼，地就是工厂现成的，不花钱，建房成本按一家两房一厅算，顶多也就 2.5 万，怎么就不建房呢？“不琢磨工作，不琢磨员工。”褚时健对以前的做法很是无奈。

而基建科长大概觉得这事过几个月大家也就忘了，所以根本没把褚厂长这项决定当回事，一而再，再而三拖着没向褚时健上交基建计划报告。褚时健大为光火，把基建科长叫来狠狠批评了一顿。哪知基建科长前脚出了门，后脚就递上来一份请长假的报告，大意就是：你敢骂我？不干了，要休息。

褚时健哪吃这一套，立即下了一道厂长决定：将基建科长撤职，同时改编基建科。

从基建科的相关资料中，褚时健了解到，盖 6 栋两层高的楼需要耗费 3 年的时间。褚时健计划修建 3 栋宿舍楼，这样一来就需要一年半的时间。他等不及，职工们也等不及。于是，褚时健决定另请一支建筑队。他把这个任务交给了大营街的一支建筑队，队长是一位叫任新民的年轻人。

1979 年年底，任新民曾带领村里的建筑队给玉溪当地一个电影院搞装修，活儿干得很漂亮。他和队员们做得很认真。这次修建职工宿舍，褚时健又想到了他们。

20 世纪八九十年代的玉溪卷烟厂职工生活区

“要质量，要时间。咯做得到？（能不能做到？）”褚时健问任新民，任新民老老实实回答：“做得到。”果然，仅仅 4 个月，任新民将 3 栋宿舍楼利利落落完成。褚时健和验收队去验收时，发现这批房子的质量比厂里原先盖的还要好。褚时健对任新民很是欣赏，决定以后厂里的房子都让他修建。这一合作就是六七年，也开始了褚时健和任新民长达几十年的忘年友情。

3. **整顿工厂**

除了改善生活条件，褚时健的当务之急就是要进行生产改革。在褚时健的观念里，产品的第一要素是质量，第二要素还是质量，第三要素依然是质量。“谁愿意花钱买差的东西？”一件“好东西”在他看来，的确太重要。

褚时健在卷烟厂车间

褚时健开始着手改善烟厂的生产情况，包括对工人生产规范的要求和规章制度的执行。尤其是在烟叶的筛选和包装纸张的选择上，他更是亲自出马负责把关挑选。为了避免因为生产环节出现的缺货情况，他要求职工增加抽检的频次和数量，自己也经常在检验环节参与检验。

整顿工厂最主要是整顿工人的观念。在国企，“大锅饭”已经吃了20多年，大家早已习以为常。但褚时健对此一直有自己的看法。“我们是经历过人民公社大食堂的人，大锅饭吃起来开头热闹，但慢慢就不香了，更不够吃了。”

“大锅饭”实际上就是抹平了人与人工作努力程度的差异和工作效果的差异，这对企业发展一点帮助都没有，褚时健早就认识到了这一点。

所以，褚时健向职工们强调了两个竞争概念，一个是市场竞争，一个是内部竞争；一个是对外，一个是对内。其中内部竞争是玉溪卷烟厂特别缺乏的，当然也是很多企业缺乏的，是直接导致职工工作热情低下的因素。

经过一段时间的努力，烟厂各个生产环节顺畅了许多，新生产出来的红梅和红塔山香烟的质量也有了很大改善。但是，因为市场上还没有重新接受这两种香烟，滞销情况还是很严重，工厂库存依然很大。

褚时健有点着急，他发动全厂上下背着香烟到社会上宣传红梅和红塔山，自己也站到昆明和玉溪街头请路人品吸，以期玉溪卷烟厂的形象得到改变。

这是1980年的时候，广州因为地处沿海，已经成了内地人向往的开放之地。褚时健听说广州对云南昆明卷烟厂的大重九烟很欢迎，于是也携带玉溪卷烟厂的红梅和红塔山到了广州，希望能找到一些市场。

广州的确对云南香烟很欢迎，但也只限于昆明卷烟厂的大重九。一次，褚时健打算用香烟到广州著名的友谊商店换一些外汇券，以便在广东采购一些制烟需要的进口高级辅料回去。和其他的烟厂业务员一样，褚时健将自己带来的红塔山和红梅抽出几根递给商店的负责人和顾客试吸，希望谈成一笔买卖。当他再次进入商店，却看到刚才递过去的香烟已经全被扔到了地上，商店售货员和顾客根本就没有人在意这两种香烟，更不愿意吸。

那些横七竖八地散在地上的香烟深深刺激了褚时健。自从几个月前的品吸会遭受恶劣评价，他一直憋着一口气，在努力了几个月后，原本希望情况有所改善，没想到市场对自己烟厂的产品依然没有接受。

走出友谊商店那一刻，褚时健恨不得马上回到玉溪，马上回到工厂，马上开始对工厂进行彻底改变。

4. 现代化生产

在经历了前两年内部各种整顿之后，褚时健觉得应该回到自己认为最重要的事情上来：抓产品质量。

1981年上半年，他带着几个车间主任和技术员走访了上海卷烟厂和昆明卷烟厂等几个全国规模大、产品名气大的烟厂。回到玉溪后他问这些同事："找出什么差距没有？人家为什么比我们做得好？"技术员们异口同声："人家机器好。"这话说到了褚时健心里，这也是他走访时最有感触的一点。这些优秀的烟厂几乎都有一套先进的设备：昆明卷烟厂1973年就引进了国内第一台美国产的MK8F型卷接机；1974年，长春卷烟厂得到了一台来中国展览的英国MK9型卷接机；而玉溪卷烟厂用的还是25年前的老设备"新中国"牌卷接机，这种设备早在几十年前就被欧美等发达国家淘汰了。当时比较新型的英国莫林公司的MK9-5型卷接机每分钟能卷接出5000支香烟，足足是“新中国”的4倍，而且因为工艺精良，这台进口设备卷接出来的香烟比红梅和红塔山要高出几个档次。

“MK9-5，要多少钱？”他问卷包车间的副主任乔发科。“261万[redacted]大家都不出声了，这是天价。

褚时健决定买，他决定通过贷款来买。

谁也不知道当时褚时健心里的想法，这是一次孤注一掷的购买。每个人都明白“工欲善其事，必先利其器”，但是，在现代工业社会，机器起的作用并不是100%。261万元的机器必然也要有与之配套的技术和管理，才能发挥出261万元成本的作用。玉溪卷烟厂并非一流的烟厂，它能成功发挥这台机器的作用吗？

要得到贷款，首先要过云南轻工业厅这一关。不过，云南轻工业厅向来只支持当时云南烟草业的老大——昆明卷烟厂，对类似玉溪卷烟厂这类在后排的工厂并不是很在意。但褚时健志在必得，他知道自己和领导沟通起来还颇有技巧。当云南轻工业厅的相关领导一次次接待了褚时健之后，最后轻工业厅的领导终于点头了。

贷款的成功走出了第一步。然后是第二步：争取工厂内部同意贷款购买。

但几位领导班子成员听到贷款的消息后，脸色都不怎么好看。这个说：“厂里没有引进过新设备，这个问题还是要斟酌一下。”那个说：“设备是不错，但是太贵了，我们要负债经营，压力不小呀。”另一个说：“这东西是进口的，厂里的职工会操作吗？这是未知数啊，太冒险！”还有领导班子成员算了一笔账：一套MK9-5，能买差不多60台“新中国”。如果我们不贷款，增加10台或者20台“新中国”，是不是更划算？

总之，大家的一致意见是：不同意。

最后开决策会时，褚时健先给大家讲了个故事。一个人正在自己的小屋子里发呆，有人敲门。屋里人问：“谁呀？”门外又敲，并回答：“快开门，我是机会。”屋里人想了想，回答：“不开，你不是。”门外再敲:“再不开,我走了。”屋里人说:“你走吧。”门外奇怪了:“你怎么知道我不是机会?”屋里人答:“你敲了三次门,机会只敲一次。”

褚时健讲完,给大家算了笔账。最后给出了一个结论:如果启用这套机器,加上节约的人工成本,只要短短三四个月,就能还清贷款。最后投票,领导班子同意了褚时健的提议。

玉溪卷烟厂引进的先进设备

关于这套机器的后续故事,简直是褚时健治下玉溪卷烟厂的一曲科技之歌。机器投入使用后,褚时健率领技术人员对 MK9-5 进行了 50 多次小改革,而且都成功了。比如改进了机便板,每天两班就可以节约烟丝近 400 公斤,在当时价值 1600 元,一年就是 48 万元。为了降低烟叶消耗,只用了 20 多天就制成一条配合 MK9-5 的加湿处理回收烟丝的新流水线,烟丝回收率提高了 10%,填充能力提高了 12%,长丝率提高了 54%,每天可多回收烟丝 40 公斤。每个数字,都意味着财富。先进的机器激发了先进的技术,褚时健自己就是一个非常迷恋技术的厂长。有了这台 MK9-5 型卷接机,玉溪卷烟厂的技术提升了好几个台阶,技术员们也得到了最好的培训。之后技术员们在工厂内掀起技改之风,玉溪卷烟厂 90%都是有着几十年历史的老旧机器,要改造起来并不容易。

褚时健明白,老机器改造得再完美,能发挥的作用都有限。MK9-5 型卷接机让他看到了什么叫现代效率。所谓技术改造,其实更多是要技术更新,就是要扔掉旧机器,购买新设备。褚时健脑海中勾勒的玉溪卷烟厂的蓝图越来越清晰,他甚至已经想象出了那些成套的先进设备应该安置在什么地方。

褚时健带领着技术人员开始和各国的供应商谈判,结合玉溪卷烟厂的实际情况,确定最需要更新的设备,然后进行性能和价格的对比,最终选择最合适的设备。几个月的对比、谈判下来,玉溪卷烟厂决定

玉溪卷烟厂引进的自动物流系统

选择德国豪尼公司的设备，认真的德国人最终和认真的褚时健握了手。此外，褚时健还从英国、意大利、日本等国引进了45台套卷接、卷包、制丝生产线。

当这些设备陆续运到烟厂后，厂家的技术专家随之到了玉溪。玉溪刚刚在1983年撤县建市，平日里难得见到的国际友人一下让玉溪显得更有档次，外国人成了玉溪城中的有趣话题。

1984~1986年，所有的进口设备陆陆续续调试完成，开始正常地投产使用。

这是当时国内所有烟厂里最豪华的设备阵容，玉溪卷烟厂一时豪气干云，傲视同侪。

玉溪卷烟厂发展到1989年，产量已经超过100万箱，利税超过20亿元，无可争议地成为行业第一。

5. 从头再来

从走出监狱那天，褚时健就打定主意要做点事情，一方面是他天性中的闲不住，每天无事可干让他浑身更不自在。另一方面，也是不甘心，在玉溪卷烟厂发展到巅峰的时候他从领军人的位置下来，心里还有许多宏图没有完成。这些宏图最核心的内涵当然就是人生的“成就感”。褚时健的人生大部分时间都伴随着这三个字，这是对他能力的认可，亦是他的精神支柱。他需要通过做事，重新找到自己的精神支柱。

把似乎能涉足的行当都排除后，褚时健还是把心思落到了在监狱时和弟弟褚时佐谈过的冰糖橙种植上。从新平糖厂期间对甘蔗的种植，到玉溪卷烟厂期间对“第一车间”烟叶的种植，褚时健对土地有着天然的亲切感，也有足够的自信。“做什么事情，如果心里没有把握，就不要去做。”他说。尽管几乎没有种植橙子的具体经验，但对于土地、对于农作物的种植，他心里是有数的。

“是不是随便搞个三五十亩种种算了？不要搞那么大。”身边的亲朋好友都是这个想法。他们希望褚时健有点事情做，但也只是希望有事情打发打发时间，如果要来真的，他们就觉得实在没必要。“何必累着？”褚一斌说。

但褚时健当然要来真的。

6. 那两个山头

哀牢山

褚时健要全力种冰糖橙的决心下得的确很大，从玉溪大营街的家中开车到哀牢山山脚，足有200多公里的路程，即便是一直给他开车的司机，也起码要开上3小时。而且种橙的地是在哀牢山山上，意味着他还要在标示着“小心落石”“小心滑坡”“此处为泥石流路段”等字样的土路上颠簸40多分钟才能真正来到橙林边。对于一个年过七十的老人来说，这的确是一件异常消耗体力和精力的辛苦事情。

凭借褚时健之前当卷烟厂厂长积累的人脉，借到了800多万元，于是，800多万元交出去，褚时健从水塘镇政府手里租下了1500亩旧甘蔗林，跨硬梁寨子和新梁寨子两个山头，一年28万元，租期30年。

摆在褚时健面前的，无疑是一项巨大的艰难工程：甘蔗林地需要按照果园规格重新规划整饬；旧的果树需要研究如何存留；地里干活儿的人需要招募；挖掉甘蔗后的山地需要种下新的果苗；租下来的地与当地农民的地是交叉的，你中有我、我中有你，因此也需要与这些农民打交道……而最为艰难的是，对于种植果树、经营果园，75岁、负债、健康状况不佳的褚时健的经验为零。他和大多数20多岁、30多岁的创业者站在了同一条起跑线上。这条起跑线，对于年轻的创业者来说，是人生的全新开始，充满希望。而对褚时健，这条起跑线则是人生至低谷，唯有绝地反弹他才能后生。

褚时健一直都有一个观点，做事一定要有七八成的把握后才去做，这样心里才有谱儿，事情才有可能成功。种冰糖橙，在技术层面上,他的确没有什么积累。他之所以敢做,是因为有烟厂期间"第一车间"的经验做底气,他尝试过以工业的方式来对待传统的农业,获得了极大的成功。这一次,褚时健要用工业的方式来种橙。

2002年,褚时健成立新平金泰果品有限公司(简称金泰果品公司),并为冰糖橙取了一个品牌名:云冠。因为身份的不方便,金泰果品公司的法人和董事长、总经理都由马静芬担当,褚时健只是"顾问"的身份。但显而易见,这个顾问不仅"又顾又问",其实还事必躬亲。

在对甘蔗地进行重新规划后,甘蔗被全部砍掉,这些山地需要重新深挖改造。在2002年,几乎整个云南的农业用地都是靠人工在挖地,褚时健不一样,他出了不少钱,也请搞建筑的朋友帮忙,将挖地机开到了山上,用机械化的方式对土地进行深挖改造。"谁见过这样的阵仗?"2002年跟着褚时健种果树,2003年转到金泰果品公司的王学堂说,"褚老板起点高。"

经过现代机械改造过的哀牢山很快有了果园的概貌,山地变成了台田,以前3000棵老果树所在的果园也进行深翻,改变了板结的土地结构。挖地机的引进不仅抢回了很多时间,也省了不少人力。要知道,在金泰果品公司经营之初,找农户是最难过的一关。

郭海东是褚时健从华宁找来的种植专业技术人才,郭海东和妻子都在牛山柑橘厂工作,而且自己家在华宁承包了几十亩冰糖橙果园。褚时健到华宁去找技术人员,由此认识了郭海东。朋友介绍郭海东跟着褚时健干,郭海东当然听说过褚时健的名字,不过已经白发苍苍的褚老板要来种橙还是让他吃了一惊。"他就是为了要把这件事情做成,所以我就来这里了。"

仿效当年在玉溪卷烟厂期间对"第一车间"里生产一线负责人的称呼,褚时健也在金泰果品公司里任命了几个作业长,作业长的责任是管理农户,对果园的生长和结果负责。郭海东、王学堂都是果园的作业长。

在作业长和自己之间,褚时健还设了一个生产技术部。褚时健的一贯观点是"质量是生命",要保证未来云冠牌的冰糖橙是高品质水果,重视技术是第一步。他自己频繁在华宁、玉溪、昆明等地来回奔波,为果园寻找合适的技术人才。如果是在烟草界,褚时健自己就是金字招牌,但凡招兵买马,不需他自己出动,总有人才主动投靠过来。但这是农业,果树种植,他自己尚是新兵,要说服别人跟着自己干,并没有那么容易。

7. 渐入佳境

褚时健的种橙计划是:高品质、大规模。在原有山地的基础上,他不断增加租种的面积。山地与当地农户的地交叉相邻。那些种甘蔗的农户每年在甘蔗收完后循例要放火烧地,把害虫烧掉。这样一来,就会把相邻的果树烧掉。所以,褚时健建议农户把地租给金泰果品公司,一方面,避免烧地后的赔偿;另一方面,农户放弃甘蔗地后可以到金泰打工做农户,金泰以公司名义保证他们的基本收入。农户不发生生产成本,参与到金泰果品公司的规模生产和经营里来,能保证基本生活。大多数农户都愿意接受褚时健的建议,毕竟种甘蔗对他们来说是一件老大难的事情,年年不赚还年年累。

到 2003 年,褚时健通过陆续合并周边农户的甘蔗地,承包的面积达到了 2400 亩,山地兼跨硬梁寨子和新梁寨子两个山头。而褚时健在果园上的资金投入达到 1850 万元。他的借条已经写得一发不可收拾,大营街一位曾经做制烟辅料的工厂主不愿意要借条:“你能还就还,不能还就算了。不是当年你帮我们,我们也没这个钱。”褚时健坚持要写:“帮你们是另外一回事,这个钱肯定要还!”

除了给公司请员工,褚时健还联系到了一些柑橘厂的技术人员作为果园长期的技术辅导。请到专业的一线工作人员,这是褚时健开始种橙事业的另一个起点。

8. 有水才有果

土地有了,下一步就是把水源解决好。这是任何一个和土地打过交道的人都知道的基本知识。褚时健手里的 2400 亩山地,大部分土地板结,一看就是长期缺乏灌溉所致;而且这里甘蔗产量历来就低,一亩地一年不过产 2 吨甘蔗,且水分、糖分都不足,这也是土壤水分不够的缘故。褚时健要在这里种植冰糖橙,首先必须解决水源问题。“水果水果,没有水就没有果。”这是褚时健老挂在嘴边的话。

褚时健花了好几个月的时间去考察棉花河和戛洒江这两条河，每天尘里来土里去，细致考察河的分支沟渠、河面的宽度、河流的流速等，几乎累倒。他一直没搞明白的是，既然有两条河在下面，为什么硬梁寨子和新梁寨子的土地还是缺水灌溉的板结状态？如果整个果园基地的水从棉花河或戛洒江引过来，能不能成立呢？

没有人为的努力，土地显然会呈现无序的状态。但无数数据也说明了另一个问题，棉花河和戛洒江的水量并没有预想中那么充沛。

他放弃了将这两条河作为果园水源的想法，转而把关注的视线投向新梁寨子对面山头的南恩瀑布及瀑布以下的南恩河。

褚橙基地水源——南恩河

决定之后就尽快动手。褚时健在看准南恩瀑布和南恩河后，立即开始组织架设水管。他告诉手下的人，预算只要不夸张，花多少钱他都会掏这个腰包。“要让我们的水果不缺水。”他说。最终，几个月下来，金泰果品公司花费了138万元，从南恩瀑布架设了两条引水管到果园，总长达到了19公里。

这样的花费在当时的中国农业种植界绝无仅有。但褚时健得到了这绝无仅有的局面：架设好引水管后，果园可以一周就彻底浇一次水，而且是来自森林的清冽之水。这对大多数从事果树种植的人来说，根本不可能。

按照他的计划，在果园的几个方向，要建6~8个蓄水池，蓄水量起码要达到50万立方米。

这个数字还只是针对2400亩果园而言，如果继续扩大种植规模，这个蓄水量显然还不能达到他的要求，也就意味着对水源设施的建设于金泰果品公司是一件持续的事情。褚时健说，账面上永远有一笔钱是为每年的水源设备做好准备的，这个一点也不能含糊。

建设基础设施是件耗精力的事情，褚时健又习惯事必躬亲，所以每天都忙忙碌碌。他的身体并没有恢复得太好，常常是把胰岛素输液袋背在身上，随时打着点滴，人就在山上各处奔波。

9. 果苗意味着希望

2400 亩地，除了老农场留下的 3000 棵有十来年果龄的老橙树，还需要种下大量的新果苗。褚时健把牛山柑橘厂的技术员们请过来做技术指导，大家挑灯夜战开了几个会，定了一个量：24 万棵新树苗。

褚橙果园的果树

24 万棵果苗运到果园后，农户们和几个作业长见识了褚时健做事的认真，他站在货车边，几乎一眼不放松地盯着农户们卸下果苗。他并不多说话，但眼睛一直盯着，偶有卸货不小心、摆放不整齐的，他会出言指导两句，其他时间，只是看着。这无疑形成了一个严肃紧张的工作气氛，农户们向来随意惯了，哪里见过这样的做事方式。有农户憋不住，说："褚大爹，你去休息嘛。咯是不放心我们（是不是不放心我们）？"褚时健笑笑，递了杯水给农户，并不回答。谁都看得出来，褚时健的意思就是"不放心你们"。那又如何呢？要得到他的放心何其难？

在他眼皮底下做事，唯有认真，没有第二条出路。

除了 24 万棵冰糖橙，褚时健还同时种下了 5 万棵温州蜜柑。蜜柑是华宁非常受欢迎的一种水果，成熟期比冰糖橙要早一些，种植难度比冰糖橙要小，在市场上的售价也比冰糖橙要便宜。褚时健的考虑是把温州蜜柑作为冰糖橙的补充，这样金泰果品公司产品的销售期可以错开，多一些利润点。"老板做事总是留余地的，不像年轻人那样莽撞。"作业长们说。

10. 肥料

头两年老果树产出的几百吨收成，任新民和红塔集团及邱建康的红河卷烟厂负责消化了大部分，剩下的小部分褚时健让人推销到了玉溪和昆明的一些水果摊上。因为量不大，销售起来倒没有什么难度，不过褚时健还是从零售商那里收集到了一些关于果子的评价。

对于老果树，褚时健的工作主要是养护，尽量延长果树的存活时间。一般果树年龄在十几年左右。在冰糖橙的故乡湖南，甚至只有七八年。与此同时，还要调整肥料结构，让果子的口感达到最佳。传统的果树种植，在口感上有一个老大难的问题是，味道不均衡、不稳定。同一个品种，树和树结出的果子味道不太一样，果子每年的味道也有些差别。这是传统农业缺乏标准化的典型现象，褚时健不希望自己种出的果子也是这样。

于是褚时健给 2006 年定了个任务：集中精力解决果子的口感问题。

事情一旦上了心，褚时健就显得寝食难安。他好几个晚上都是凌晨三四点就醒了过来，这是睡眠状况一直很好的他少有的情况。既然睡不着了，索性就起来看书，当然是柑橘橙类种植科学方面的书。天亮了他叫上张启学，开车送自己去找一些农业方面的种植专家探讨。

最终，褚时健决定把解决问题的关键点放在肥料结构的调整上。褚时健不时召集作业长和部分农户开会，也请了不少专家一起开会，在果园基地办公室的黑板上写下氮、磷、钾、钙、镁、硫……各种营养元素，不断计算各种元素的比例。同时，他让生产技术部在果园里设了几个试验区，用配比好的不同肥料进行试验，把试验的结果交到实验室，进行记录、对比和分析。实验室是褚时健 2003 年就建立的，对比主要依靠主观经验的传统果树种植。褚时健表现出的科学精神给橙树种植带来了工业化气息。

果园的有机肥也进行了调整。褚时健最早在果园使用的有机肥就是普通种植户使用的鸡粪。2003 年以后，他开始往里面加上糖泥和草炭。到 2005 年后，他又加入了烟梗。这个配方一看就是褚时健的独创，如果说糖泥和草炭、鸡粪都是以往农户们能想出来的，而且市面上也大量在卖，那么烟梗的使用就绝对是褚时健的独门诀窍。在烟厂期间，他就通过烟厂的试验数据知道，烟梗的有机质含量很高，特别是钾的含量，几乎到了 7%。在烟厂时期，褚时健就老琢磨这些烟梗该怎么二次利用，没想到几十年后他在农业上用上了。而且因为他早年的烟厂经历，从烟厂得到废弃不用的烟梗并不难。

这几种有机质配合在一起的独特有机肥在果园产生了巨大作用，一棵橙树一年几乎要施 15 公斤的有机肥，不仅果树的营养得到提高，特殊的肥料也使土壤的团粒结构开始形成，使土壤更加透气。要说果园基地的土壤比相邻的土地要肥沃，谁都无法否认。有一个数据可以说明问题，2002 年，果园基地的土壤有机质比例达不到 1%，而 10 年之后，2012 年的时候，有机质比例超过 2%，到 2015 年，这个数字已经上升到 3%。

肥料配比搞清楚了，肥料按要求配制出来，接下来施肥的过程褚时健也进行了精细控制。他和几个作业长商量了一套施肥的固定程序：在果树周围挖出 1 米见方、深 20 厘米左右的坑，把肥料撒进去，然后再盖上草、土。这看似简单，但要在 2400 亩的果园每一棵树下都如此操作，并不简单。褚时健要求作业长严格盯紧这一程序的操作，要随时进行抽检，有时甚至要扒开土层，看看施肥的数量和均匀程度。"必须全部统一动作。"褚时健告诉作业长们。

肥料调整工作立时见效。2006 年当年，果子的口感就开始改善。到 2007 年，橙子爽口，甜酸比例、可溶物质比例都达到了褚时健的要求。

2007 年，褚时健在果园基地建立了金泰自己的肥料厂。

11. 砍树才能增产

2007 年的增量其实并不容易。2006 年，褚时健把肥料结构问题解决了，但另一头疼的事又浮出水面：产量不够。继 2005 年新果树零星挂果后，2006 年开始全面挂果。但是，2400 亩 2 号冰糖橙果树全部产量却只有 14 吨，也就是每棵树结的果子不过三四公斤而已。

尽管有一个因素是难以避免的，那就是果树还是幼树阶段，挂果量少是肯定的。不过，每棵树只有三四公斤还是偏少了些。褚时健叫作业长们去数了数树叶和果子的比例，算下来，一个橙子对应超过了 100 片树叶。"这个，的确是比较低。"几个作业长都说。什么原因呢？没有人说得出来，尽管都是有十几年种橙经验的老手，但在解决问题上，似乎还没有足够的理论支持。

好吧，继续攻关。78 岁的褚时健再次拿出学习的能力和勇气，研究农业科学书籍，把各级柑橘种植研究所的专家请到果园，开会、现场研究。各种解决方案一一拿了出来，当然最终拍板的还是褚时健。

他看了每个作业长拿出的数据，自己也把2400亩果园划成几大片区，有针对性地巡视了很多次。他注意到，果园边缘地带的果树挂果情况比其他地方要好。边缘地带的特点是地形起伏，面积不规整，所以果树种得比较少。在2002年和2003年种下果树时，基本是按传统的每亩146棵来种，间距、株距也按作业长和农户们的经验来执行。而边缘地带的果林，每亩100棵还达不到。

褚时健判断应该就是果树过密导致结果状况不佳，果树过密使阳光资源、土地肥料资源分摊过多，单棵营养则不足，导致挂果不多，即便挂上后能保留的也不多。他把作业长们叫过来："我看要间伐，先找块地试一试。"作业长们心里都很是犹豫，怎么伐？从来也没这么做过啊？辛辛苦苦从小果苗培育成了果树，再过几年就是丰产期的大果树了，现在砍？太难了，关键是没有人这么做过。几个作业长都劝说褚时健："老板，再考虑考虑，不一定是树多的问题。我们种了这么多年果树，从没有这么干过。"褚时健很坚决："我看差不多是这个问题，先拿一两亩地试一试。"

作业长们也阅读过农业种植科学书籍，他们也懂得果树一定要有一定的疏密度才能达到最佳成长效果。但是，经验和理论历来有相矛盾的地方，在传统的农业领域，从未有工业思维进入过，经验总是能压过数字和理论。所以，几十年甚至上百年来，果树种植都是一亩地140多棵，没有人想过这个比例有可能会影响果树结果多少，即便想过，也不会这么执行，因为没有人像褚时健这样认真地研究并且执着地按自己的想法去做。

作业长必须执行褚时健的想法，这是规定。金泰果品公司是一家企业，企业就有企业的规章制度。于是，作业长开始在各自的片区各找出一两亩地，试验间伐。第一次，先砍个十来棵，褚时健来检查。不行，再砍！又是一二十棵……直到每亩地到了90棵左右，好了，等待一段时间，看效果。

土地的最大优点就是回报及时。在很短时间内，间伐过的果树长势明显比其他果树要好。

褚时健在办公室一句话定江山：砍！每亩到80棵左右，就算达标了。

但是农户们哪有那么轻易答应砍树的？这些树都是能结果的了，砍了树岂不是要影响几年的收成和收入？所以，农户们都拖拖拉拉不肯动手。没办法，褚时健下了新政策，砍一棵，补助30~40元。

有了补助，农户心理平衡了很多，开始陆续砍树。从2006年开始，2007年、2008年、2009年，树一年一年长大，几乎年年都在砍。一个管理了3000棵果树的农户，已经砍到了1700多棵，但是每亩的产量却是逐年增加。农户以前需要补助才肯砍树，现在不要补助，还主动去砍。郭海东常常要去盯着农户，不能砍多了。

几年连续砍树后，果园基本保证了每亩地只有80棵左右果树的规模。这样比例的好处非常明显，一是果树的结果量大幅度增加，二是每个农户名下的果树减少后，投入每棵果树的精力大大增加，如此更保证了果子的质量。

“舍弃”是褚时健经常在果园做的工作，不仅连续几年砍树，他在2009年还曾一次性舍弃掉了几万棵已经生长了六七年的温州蜜柑。果园建成初期，褚时健从规避风险的角度，种下冰糖橙的同时，也种下5万棵温州蜜柑。2008年湖南、江西等地雪灾，这些地方都是冰糖橙的丰产地。褚时健预感未来几年冰糖橙的供需会发生很大变化，他一夜之间决定，把5万棵温州蜜柑全部舍弃，高改为冰糖橙。所谓的“高改”，就是将果树砍掉上半身，嫁接需要的新品种，让它继续生长。如果嫁接成功，一般次年就能结出新的果子。褚时健这一声令下几乎又让果农们“心碎肠断”，那些蜜柑种植了6年多，正是收获的时候，马上能变成钞票的果子瞬间被灭掉，作为一直种植它们的农户，心痛至极。

但事实证明褚时健又对了，蜜柑因为种植地区非常多，价格一直平稳。华宁又已经有了非常成熟的温州蜜柑技术和基础，要和华宁抢市场并不容易。况且金泰果品公司只有5万棵蜜柑，并没有形成气候，盈亏都不会太明显。这种不痛不痒的生意对褚时健来说是最没有商业快感的，所以他断然舍弃，迅速嫁接了冰糖橙。第二年，嫁接的冰糖橙就已结出了果实。2009年，褚时健的果园产量较2008年的3000吨又实现突破，达到4000吨。金泰果品公司的盈利突破千万元大关，股东们第一次拿到了分红。

五、人物名言

(1)人活着就要干事情，干事情就要干好。

(2)我的一生经历过几次大起大落，我不谈什么后悔、无悔，也没有必要向谁去证明自己生命的价值。人要对自己负责任，只要自己不想趴下，别人是无法让你趴下的。

思考

1. 当初名不见经传的玉溪卷烟厂经过了哪几次变革成为后来的亚洲第一的红塔烟草(集团)有限责任公司的？

2. 褚时健在经营玉溪卷烟厂和种植褚橙的时候遇到了哪些难题？他又是如何克服的？

3. 褚时健是一个富有争议的人物，他具有哪些与众不同的品质？

案例三　从“体操王子”到商界巨擘——李宁

一、李宁简介

李宁，壮族，男，生于1963年3月10日，奥运冠军，原中国体操队著名运动员，广西壮族自治区来宾市兴宾区南泗乡人，祖籍广东省佛山市顺德区，曾祖父辈迁至广西谋生。李宁毕业于北京大学法学院，获得法学士学位及北京大学光华管理学院EMBA。他创造了世界体操史上的神话，先后摘取14项世界冠军，赢得一百多枚金牌。1988年退役后，李宁以其姓名命名创立了“李宁”运动品牌。运动品牌涉足广泛，从生产运动服装、运动鞋到生产篮球、足球等。

作为李宁体育用品有限公司（简称李宁公司）董事长，李宁及其家族控制着46.294%的公司股票，共456484000股，以交易价3.675港元计算，李宁身价高达16.78亿港元。

1. 早年经历

1971年进入广西壮族自治区体操队。

1980年因成绩优秀而被选入国家体操队。

1982年12月22日，第六届世界杯体操赛上，在男子全部7个个人项目中，获全能、自由体操、单杠、跳马、鞍马和吊环6项冠军，余下的双杠项目也获得了第三名，成为世界体操史上至今唯一取得如此令人惊叹的好成绩的运动员。

由于这个成绩只有获得全部7项个人金牌或包括全能在内的6项个人金牌再加个人单项的银牌等两种情况才能打破这个记录，故李宁当年这个结果不但空前，几乎也是绝后了，创造了世界体操史上的神话，因此被誉为“体操王子”。

年轻时的李宁

1984 年，获第 23 届洛杉矶奥运会男子体操单项比赛中男子自由体操、鞍马和吊环 3 项冠军，一举夺得 3 金 2 银 1 铜，接近中国代表团奖牌总数的 1/5，成为该届奥运会中获奖牌最多的运动员。

1988 年 4 月 13 日，李宁宣布退役。

2. 创业经历

1998 年，李宁公司建立了本土第一家服装与鞋产品设计开发中心，率先成为自主开发的中国体育用品公司。

“体操王子”李宁

2004 年，李宁公司与香港中文大学人体运动科学系合作，对李宁公司生产的运动鞋的力学特性进行运动生物力学测试，建立专业运动员的脚型数据库，对专业运动特征进行数据收集和分析，从而进一步提高产品的专业性和舒适度。

3. 社会评价

即便过去了整整 30 年，很多人依然坚持认定，李宁有张生动的脸。不像同时代唐国强的奶腻，也不是同龄李连杰透出的青稚，更没有多年后中国体育另一个世界级符号姚明那种自信外泄、刚毅无匹。李宁的脸，皮相上的亲和内省的韧，以及嘴角不时上翘五度构成的曲线，配上洛杉矶奥运会三块金牌、一块银牌、一块铜牌，着实颠倒众生。——施南

二、公司简介

李宁公司成立于1990年，经过30余年的探索，已逐步成为代表中国的、国际领先的运动品牌公司。李宁公司采取多品牌业务发展策略，除自有核心李宁品牌（LI-NING），还拥有乐途品牌（LOTTO）、艾高品牌（AIGLE）、心动品牌（Z-DO）。此外，李宁公司控股上海红双喜，全资收购凯胜体育。

自2004年6月在香港上市以来，李宁公司业绩连续六年保持高幅增长，2009年更是达到83.87亿元。李宁公司的销售网络遍布中国大地，截至2009年年底，李宁公司店铺总数达到8156间，遍布中国1800多个城市，并且在东南亚、中亚、欧洲等地区拥有多家销售网点，雇员6000余人。

李宁公司成立之初即非常重视原创设计。1998年建立了中国第一家服装与鞋产品设计开发中心，率先成为自主开发的中国体育用品公司。2004年8月，香港设计研发中心成立，集中负责设计李宁品牌服装产品。2008年1月李宁集团美国设计中心在美国俄勒冈州波特兰市投入运营，专注于鞋类产品的高端技术研发、人体工学科研和专业运动鞋的设计、开发、测试工作。

李宁公司长期致力于体育事业的发展，曾先后与美国职业篮球联赛（NBA）、职业网球联合会（ATP）等国际顶级赛事和组织结为战略伙伴。与奥尼尔、柳比西奇、伊辛巴耶娃、托希尔德森等国际顶级运动员合作，与西班牙奥委会、西班牙篮协、瑞典奥委会、阿根廷篮协合作，都强有力地表明李宁品牌的专业实力得到了国际顶尖体育团队和个人的认可。更值得一提的是，从1992年巴塞罗那奥运会开始，李宁公司伴随中国奥运军团一路走来，长期支持中国体操、跳水、射击、乒乓球、羽毛球等五支“金牌梦之队”。

作为国内体育用品行业的领跑者，李宁公司自身发展壮大的同时，更积极承担企业公民的社会责任，资助希望小学、援建灾区、关爱艾滋孤儿，并且长期支持旨在提高贫困地区体育教育事业的“一起运动”公益培训项目，利用自身体育资源优势为共建和谐社会出力。

李宁与 NBA 巨星韦德合影

三、公司发展历程

1990 年，李宁公司创立之初即与中国奥委会携手合作，通过体育用品事业推动中国体育发展，赞助各项体育赛事，李宁公司成为第一家赞助亚运会中国体育代表团的中国体育用品企业。

1992 年，李宁公司为中国奥运代表团提供领奖装备，成为第一个赞助奥运会的中国体育用品企业。

1993 年，李宁公司率先在全国建立特许专卖营销体系。

1995 年，李宁公司成为中国体育用品行业的领跑者。

2004 年，李宁公司在香港联交主板成功上市，销售额创下历史新高，成为第一家在香港上市的内地体育用品企业，向着国际一流品牌的目标冲刺。

2005 年，李宁公司成为 NBA 官方合作伙伴。

2006 年，李宁公司成为 ATP 中国官方市场合作伙伴。

四、“体操王子”李宁的经商路

1. 离开竞技场，进入商场

1982 年第六届世界杯体操赛上，李宁一人独得男子全部 7 枚金牌中的 6 枚，创造了世界体操史上的神话，19 岁的李宁被誉为“体操王子”；1984 年，在第 23 届洛杉矶奥运会中，李宁共获 3 金 2 银 1 铜，接近中国代表团奖牌总数的 1/5，他也成为该届奥运会中获奖牌最多的运动员。1986年,他获第七届世界杯体操锦标赛男子个人全能、自由体操、鞍马三项冠军……从1970年进入体校开始学习体操到1988年退役,在李宁17年的运动生涯中,他共获得国内外重大体操比赛金牌106枚,其中全国冠军92次,世界冠军14次。国际体操联合会以他的动作先后命名双杠李宁、鞍马李宁、李宁1、李宁2。1999年,李宁被评选为20世纪世界最佳运动员,他的名字和拳王阿里、球王贝利、飞人乔丹等25位体坛巨星一道登上了世纪体育之巅。

那是一个灿烂的李宁时代。1988年前的李宁意气风发,享尽荣光,他是全国人民心中的明星偶像,鲜花、掌声、镁光灯,还有五星红旗、国歌,当然还有训练的汗水与伤病。

但是,在1988年,李宁的体操之路被改写。那一年的汉城奥运会,李宁在最后一次比赛中意外失利,从吊环上摔了下来。尽管当时他是像惯常一样带着笑容走下赛场的,但回到首都机场,失掉金牌的李宁禁不住黯然神伤,孤独地走过一条偏僻通道……

随后,李宁宣布退役,那一年,他26岁。

在李宁的成长生涯中,健力宝集团创始人李经纬是一个不能不提到的人物。如果说李宁在17岁时幸运地被国家体操队张健教练慧眼识才,将李宁选入国家队,并把李宁送上了奥运领奖台,张健是李宁生命中的贵人的话,而在李宁退役后进入商海,他的人生另一个最重要的教练则是李经纬。

李宁(左)和李经纬(右)

李经纬是广东省三水县(今佛山三水区)人。李经纬从小就是篮球运动爱好者,曾担任过广东省三水县的体委副主任达13年之久,后担任三水酒厂厂长。1984年,李经纬看中了一种运动饮料配方,健力宝由此诞生了。

自1984年健力宝开发生产后,在李经纬的策划运作下,它就被指定为国家集训队指定饮料,在同年的洛杉矶奥运会上,它被指定为中国运动员指定饮料。正是缘于这样的机缘,李宁与李经纬得以相识。李经纬喜欢李宁的纯朴和机灵,李宁佩服李经纬的商人眼光及运作企业的丰富经验，二李很快成为忘年之交。

1988年的汉城失利，李宁一下子从鲜花与掌声中跌落到地上，社会舆论也由原来的赞扬变成了责难。当时的社会远不如今天这般开放与宽容，全民族都对世界冠军寄予了重托，国人很难用宽容的心态来接受“体操王子”的失误。背负着沉重的压力，李宁一个人默默地体味着人情的冷暖，这时，李经纬适时送上了理解与鼓励。

从汉城奥运会回国的那天，在首都机场，李宁躲开媒体记者，一个人走过偏僻的通道，这时手捧鲜花前来迎接他的只有李经纬，李宁含着眼泪接过李经纬手中的鲜花；1988年12月16日，李宁在深圳体育馆举行了盛大的告别晚会，在晚会现场，李经纬代表健力宝送给他一副纯金的护手。二李的交情由此可见一斑。

退役后，李宁一度不知该何去何从。这时，摆在李宁面前的路和很多退役运动员一样，不是做教练就是担任政府官员。广西体委邀请他担任广西体委副主任，海外某国聘请他为国家队教练，甚至演艺界也邀请李宁加盟……

正当李宁无所适从的时候，李经纬再次出现了，我觉得你是不是应该把目光放长远一点，想得深一点，跳出运动员退役后不是出国就是当官的模式，重新设计一条道路，并让它也成为一种模式！李经纬在回忆时说：“当时，李宁想到深圳创办一个体操学校。我说，‘光靠赞助不行，一定要有经济做后盾，这样才是稳定的、长远的发展思路。’所以我建议他靠搞经济来发展体育。”

对李经纬的建议，李宁慎重地考虑了很长时间。当时全民经商的热潮正在兴起，而从26岁的李宁的本性出发，他更希望在大社会中历练一番，体会更丰富的人生，毕竟从7岁进入体校，17年的青春光阴都是在单双杠上度过的。他觉得自己正年轻，还应该学习更多的知识，有更丰富的人生经历。

李经纬盛情邀请李宁加入健力宝，借李宁个人的明星效应来提升健力宝，借健力宝的资金实力来生产李宁牌运动产品。1989年时健力宝正如日中天，是唯一可以同可口可乐等洋品牌抗衡的国产运动型饮料,也是中国运动员的指定饮料,有着中国魔水之称,年销售量近50吨。李经纬的盛情、健力宝的品牌,还有中国体育产业的潜力及当时李经纬所描绘的远景确实深深地打动了李宁。1989年4月21日,广东健力宝集团有限公司举行隆重的聘任仪式,李经纬将一本广东健力宝集团有限公司总经理特别助理的大红聘书郑重地递到李宁手里。在几十位专程从各地赶来的记者面前,在闪耀的镁光灯下,李宁有一种难以抑制的激动:我之所以投身健力宝事业,除了想为我国退役运动员闯出一条于国、于民、于己有利的新路子,还想同最先开拓了中国体育实业的健力宝人一起,在更广阔的领域内,开发中国潜力无穷的体育实业。

也许,这样的事在今天看来算不了什么,但在当时,不仅需要眼光,更需要胆略。尤其对于有着106块金牌的"体操王子",自己拿着档案去到广东三水这样一个并不知名的小镇,是需要几分勇气与胆识的。尽管当时舆论对于"体操王子"经商颇有微词,但李宁义无反顾。1989年5月,李宁加入健力宝。

自此,李宁走上了一条崭新而艰苦的道路。

2. 李宁牌服装横空出世

初到健力宝,李宁主要分管公关宣传、市场策划、筹办运动服装厂等工作。

凭着一种天生的直觉,以及多次出国比赛所培养出来的眼界,李宁提议重新拍一条有冲击力、富于体育动感的健力宝广告片,而且由他亲自出演。这个建议,连同在当时属于天文数字的60万元的广告费用,得到了李经纬的全力支持。广告在中央电视台黄金时间播出后,获得了巨大的社会反响,这一年,健力宝的销售量增加了3000万元。

"勤奋努力,思维敏锐,朴实善良,有强烈的事业心。"这是当年的李经纬对李宁的评价,也是他给予李宁信任和支持的基础。"李宁是运动员,不懂经济。到健力宝来,我把他扔在游泳池里,让他自己去学。李宁年轻、聪明、人品好,能学会游泳。我只是在岸上看,做救生员,不行的时候,再伸手拉一把。然后我再放开,再看。几次下来,李宁就会游得比我好,超过我。”加盟健力宝之后没几个月,李经纬就鼓励他将服装厂的计划上马。但资金从哪里来呢?虽然当时健力宝声名显赫,但健力宝最初的广告费居然完全靠借钱来支撑,甚至借钱来赞助体育记者跟团出国采访。没有开厂的钱,李宁和李经纬决定找一些国外厂商,搞成中外合资,并且外商能帮助打开海外市场。

在李经纬的陪同下,李宁出外游说,寻找投资。因为“体操王子”的名人效应,很快他们就与外商签署了三份合作意向书。李宁本人也没想到事情进展得竟如此顺利。不久,新加坡康基实业有限公司到三水实地考察,双方签订了合同。于是中新(加坡)合资的健力宝运动服装公司成立,主要从事李宁牌运动服装的生产经营,李宁出任总经理。

经过紧张的施工,不到8个月,一幢5000平方米的厂房就在三水县竣工了。屋顶上,一块巨大广告牌非常醒目:李宁牌。光有牌子肯定远远不够,如何让大家了解并接受这个牌子呢?毕竟有过17年的运动员生涯,李宁马上想到了即将在北京举行的第十一届亚运会,想到了备受瞩目的亚运会火炬接力。但是,亚运会火炬接力处对买断亚运会火炬接力开出了300万美元的高价,无论是李宁还是健力宝根本承受不了。这时,李宁的公关能力及名人效应再次发挥作用,他调动他在国家体委的老关系,并用一种爱国情绪感染了工作处的领导,如果火炬接力的承办权落到外国公司的手里,那将是12亿中国人的耻辱。经过一番谈判,最终,亚运会火炬接力传递活动,由健力宝主办,费用只要250万元。

1990年8月,在世界屋脊青藏高原,李宁作为运动员代表,身穿雪白的李宁牌运动服,庄严地从藏族姑娘达娃央宗手里接过了亚运圣火火种。整个亚运圣火的传递过程,有2亿人直接参与,25亿中外观众从新闻媒体知道了健力宝和李宁牌。从这一刻开始,李宁牌真正横空出世了。

这不仅是一次公关策划的成功,更是李宁商业才华的一次完美亮

相,是李宁发展史上的第一大手笔。这次赞助的成功极大地增长了新生的李宁公司的实力,刺激了李宁的进取心。

3. 自立门户

李宁在商业上的悟性,让其老板李经纬欣赏不已。李宁在商业上的才华和他在体操上的才华一样出色,而初次出手大获全胜也让李宁的自信心倍增。于是,在 1991 年由健力宝投资 1600 万元,广东李宁体育用品有限公司正式成立,独立负责李宁牌运动服、运动鞋的经营。1992 年年底,李宁公司分别在北京、广东成立三家公司,各自从事运动服装、休闲服装和运动鞋的生产经营。而李宁牌系列产品逐渐赢得了众多荣誉,成为 1991 年以来中国体育代表团参加历次重大国际比赛的专用装备,李宁牌服装和运动鞋系列不仅被推选为中国明星产品,而且被评为全国服装行业十大名牌之一。

明星效应无疑会对提升品牌知名度有作用。然而,从市场反应来看,并不是所有明星品牌都可以像李宁公司这样成功,即使他们的创立者在体坛同样有着赫赫战功。李宁公司成立早期有健力宝这样一个很好的合作伙伴,使它在起步时,更具备成功公司的雏形,这区别于目前众多凭借个人资源建立起来的体育公司。零点咨询公司董事长袁岳对媒体说。因此,李宁及李宁公司的成功,除明星效应外,其成功应该更多得益于商业运作。

初入商海,李宁采取 OEM 贴牌方式生产李宁牌运动鞋,但因为缺少经验,第一批鞋做砸了！当时,李宁投入运动鞋的开发费用只有 50 万元,其中 20 万元用于 001 系列鞋的生产。得知鞋全部不合格的消息,李宁飞回北京,召集相关部门开会。

这是李宁在生产控制上打的第一仗,首仗即折,李宁的心情之沉痛可想而知,但是他毅然决定全部销毁这批产品。“让我们从头再来!”他握着拳头对部下说。那年,李宁不到 28 岁。从那时起,李宁就认识到专业人才的重要性。“绝不能让自己或自己人成为公司发展的阻碍。”李宁说。

李宁公司刚创办时,是李宁和几位退役的队友,还有李宁的家人如哥哥、嫂子、表弟等一起在操作,那时的李宁是个十足的家庭公司。

到了 1992 年,李宁就开始有意识地聘请专业人才加盟。为李宁公司发展起过关键作用的第二任总经理陈义宏,就是被李宁从当时有名的运动服生产企业十佳公司请来的。陈义宏最早在 1991 年加入李宁,从生产总监开始做起,一步步升到总经理职位。李宁是一个很会管理的人,他懂得知人善用。对于职业经理人,他很信任,也很授权。曾参与李宁公司股改的专家刘纪鹏(中国政法大学商学院院长、中国政法大学资本研究中心主任、教授)回忆说,每一次去谈判,或者谈合作,李宁都会带上陈义宏,看得出他对陈义宏是很信任的。自 1998 年去北大学习,李宁就淡出了公司的日常经营业务,而把业务全权交给了总经理陈义宏。陈义宏及一批专业人才的加入,创造了 1993~1996 年李宁公司的第一次辉煌,公司营业额每年以 100%的比例增长。“当运动员的时候,因为我的水平算是全国最高的,所以我去比赛的时候,所有人的希望都会寄托在我身上,要靠我去实现他们的理想,为国争光,升国旗、奏国歌,我的努力决定了大家的愿望能否实现。可是对企业来讲,做商人则是我的愿望靠大家来完成。光靠一个人做不成什么大事……”对此,李宁想得很清楚。

“李宁公司如果当年不从三水搬到北京,就没有今天。”李宁深有感触地说。其实,在李宁心中,另一句没有讲出口的话是:如果李宁当年没有从健力宝中脱身出来,也就没有今天。

1991~1994 年,李宁继续走赞助体育活动的路线,并开始了多元化产品尝试,李宁运动服、李宁鞋,甚至李宁皮带、李宁领带等,产品不一而足。虽然李宁公司 1993 年就有了赢利,年营业额以近 100%的速度增长,但是在李宁的心中,有一个永远的结,那就是公司的身份——李宁公司是健力宝的全资子公司,而健力宝的控股股东是广东三水县政府,是国有资产。在李宁心中,他更希望公司朝着现代企业模式发展。这在当时看来并不易,起码有两个核心问题必须解决,一是对公司进行股份制改造,另外一个是将李宁商标从健力宝中分离出来。1994 年初,李宁同有着中国股改第一人之称的首都经贸大学教授刘纪鹏见面了。

刘纪鹏从 1988 年开始即进行企业的股份制咨询,从他多年关注企业改制的经验来看,李宁公司的产权不清对于今后的发展将是致命的,他极力鼓动李宁脱离健力宝。

李宁当然知道这时的健力宝之于李宁(公司)的意义,如同母亲的胎盘之于成熟了的婴儿,价值使命已经完成,但在李宁心中,李经纬对他有再造之恩,如同他的再生父母,他怎么可能去背叛李经纬?对于刘纪鹏的建议,李宁问得最多的一句话是:如果脱离健力宝,别人会不会说我忘恩负义?

刘纪鹏则反复对李宁阐明产权不清的利害关系,劝他说,你只是脱离健力宝,并不是脱离李经纬,健力宝并不完全等于李经纬。最后,性情爽直的刘纪鹏甚至拉开椅子站起来,对李宁说,如果你拉不下面子,我去跟李经纬谈,跟三水市政府谈。

刘纪鹏为什么要一再鼓动李宁与健力宝分家?"首先是受我本人的职业道德与职业经验的驱使,我看过太多因产权不清而失败的企业。而李宁是受全国人民喜爱的'体操王子',无论是他的外貌还是他的人品,都是被国人所认可的,我也很愿意去帮他。"在接受记者采访时,刘纪鹏如是说。

正是在刘纪鹏的强烈建议下,李宁遂下定决心和李经纬及三水市政府摊牌、分家。李经纬相当大度,完全支持李宁自立门户。1994 年年底,只是在股份和品牌采取了一些变动措施,李宁公司就顺利脱身。而健力宝历次投入的 1600 万元,李宁分三次用现金进行了偿还。据刘纪鹏介绍说,这种偿还是在历史成本之上偿还的,并没有一个很可怕的增值。

1994 年 9 月,李宁体育产业公司正式成立,主要作为控股的母公司,初步实现同资本市场的对接。1995 年年底,李宁集团成立,李宁亲任集团董事长兼总经理。1996 年年初,集团总部北上,从广东迁到北京。

4. 上市的七年之旅

1993~1996 年,李宁公司每年销售收入增长幅度都在 100%以上,1996 年更创下了 6.7 亿元的历史纪录。业绩如此快速地增长,发展令人如此兴奋,即使是性格平和的李宁也禁不住豪情万丈,制定了 1998

年达到10亿元,2000年达到20亿元的销售目标。但是,不幸的是,成长的喜悦到了1997年戛然而止了。亚洲金融危机袭来,中国经济通货紧缩,李宁产品卖不动了。此后数年,李宁公司的销售收入一直徘徊在7亿元左右,市场地位逐年下降。

1997年,处于困境中的李宁萌发了强烈的上市冲动,并把上市地选定为香港。1998年起,李宁聘请了资本运作方面的专家为独立董事,1999年他又聘请各个领域的专业公司协助公司完成整体战略:德国SAP公司、台湾麦达公司、海问咨询公司、日本电通广告公司、普华永道会计师事务所等都是李宁公司的合作伙伴,此举旨在增强公司的国际化竞争力。2001年3月,张志勇(现任李宁公司行政总裁及执行董事)出任北京李宁公司总经理,也是李宁公司历史上第三任总经理。

一系列的改革措施获得了成效。2001年公司营业额为7.3亿元,纯利为4960万元;2002年、2003年营业额则分别为营业额9.6亿元和12.76亿元。随着公司营业额的持续上升,和外资的进入,公司上市进程再次被提到了日程上。经过7个月的筹划,李宁公司终于在2004年6月28日正式在香港联交主板上市,公开发行2.47亿股,并于7月9日再次增发新股3697.6万股,而李宁及其家族拥有资产在10亿港元以上。

5.保持归零心态

这样的庆功会,在我做运动员时每年都开,几乎每次我都要上台讲话。但当我回到台下,我总要告诉自己,成功只代表过去,未来要从头开始。过去做运动员我时时告诫自己忘掉过去的荣誉,轻装上阵,现在做企业我也是这样要求大家,上市只代表过去的业绩,而未来还有更大的挑战要面对。对于李宁及600名李宁人来说,2004年是值得庆祝的一年,经过15年的努力和7年的等待,公司终于成功上市。但是,在2005年的春节年会上,李宁作为董事长在台上所讲的不过是上面这一段平淡的话。

让我们从头再来,李宁经常爱说这句话。每一块金牌都是从头再来,从运动员到商人,对李宁更是从头再来。正是抱着一种一切从头再来的归零心态,李宁才能一步步超越自己,超越过去。只要肯学,什么都有可能。

很多人认为李宁的成功,得益于他的明星身份,得益于中国体育产业正处于发展初期,李宁从未遇到过强劲的商业对手,得益于他遇到待他如父亲般的李经纬及后来的刘纪鹏等专家……总之,人们会认为李宁的成功有着某种侥幸的成分。但是,只有李宁本人和他身边的人才知道,从运动明星到成功商人,李宁做了哪些努力,付出了哪些辛苦。从一头青丝到两鬓斑白,只有一个原因:累。

接触过李宁的人都知道,李宁勤奋、本色,既没有大明星的架子,也没有大老板的派头。公司研究工作,有时延至凌晨两三点,第二天,别人可能稍微多休息一会儿,李宁却几乎从不睡懒觉。公司有了盈利,李宁并不讲究吃喝,方便面、大排档,都是出差时李宁经常光顾的食品和就餐去处。他最感惬意的是与公司三五同仁找一处清静所在,要几杯啤酒,边喝边聊,聊得最多的总是公司的发展。

李宁十分好学,十分谦虚。尽管刘纪鹏后来没有再和李宁合作,但在谈到李宁时依然充满赞赏,"当时我们常常在一起交流,他很尊敬地称我为老师,向我请教一些股权改革方面的事情。我们一起谈人生、谈理想。那时我就感到李宁是一个很有理想的人。"在李宁的成长过程中,他得到过多位师傅或老师的言传身教,从健力宝创始人李经纬、股改专家刘纪鹏到北大光华教授王亚非等人。李宁一直深感学习的重要。他以前练体操,是从一点都不会到世界冠军的。记得1978年中国恢复在奥委会的合法席位,1979年参加世界体坛锦标赛,他还没有进国家队。他所在的队伍为了去参加比赛,到日本训练。1979年再往前推20年、30年,国家派队伍到苏联请教练传授什么是体操、单杠、训练。1982年李宁成为世界冠军,拿到6块金牌。他相信,只要肯学,什么都有可能。

不在乎爬多高的山,关键在于要拥有爬山的能力。1998年,年满35岁的李宁进入北京大学法律系攻读,此后4年,李宁与一群比自己小10多岁的同学一起上课、上自习、复习考试、到食堂吃饭……李宁与普通同学一样,每天背着小书包上课、记笔记、背法条、课堂讨论、期末通宵熬夜地复习、考试。

李宁在北京大学

2000年，正在北大法律系念大三的李宁又报考了北大光华管理学院EMBA班，并于两年后顺利毕业。他是一个真正读书的人，李宁不是来混学位的，而是出于工作需要，他一边啃着快餐一边读书，非常辛苦。北大光华管理学院EMBA中心的王亚非老师，对李宁的读书精神非常赞赏。他跟一般运动员不一样，跟一般的世界名人也不一样，他非常用功，非常向上，对自己前途的把握有自己的理解。他的同班同学高广彬说："从合作伙伴到竞争对手，李宁对所有可以学习的对象都抱着一种谦虚求教的心态。"

天生胆小，不靠胆色，靠训练！

也许在普通人心目中，过去的"体操王子"似乎是神话中的人物。李宁自己却很清楚，自己只是一个认定了方向就不轻易动摇的平凡人，他天生比较胆小，从前训练不怕后空翻、最怕前空翻，因为看不到地；已经是世界冠军了，但在大赛中仍然坚持要有教练在旁保护，才肯做高难度动作。李宁认为自己之所以能在赛场上取得成功，不靠胆色，靠训练！

体操比赛不是直接的对抗，没有身体的接触，每一个运动员都是努力让自己更完美。李宁一直也在把这种理念带到他的公司。在这一场市场才是最终裁判的商业竞争中，李宁要做的依然是让自己更完美。在将自己对运动的理解、执着与追求打造为李宁品牌文化的基础之后，现在的李宁更多地扮演起一个大股东、一个董事长的角色。

五、人物名言

(1)李宁，一切皆有可能。

(2)做人做事，并非一朝一夕。

思考

1. 李宁如何完成了从“体操王子”到著名企业家的转型？

2. 李宁在运动员生涯和创业历程中遇到哪些困难？他是如何克服的？

3. 李宁作为运动员和企业家都是极为优秀的，他有哪些优秀的品质？

案例四 海尔创始人——张瑞敏

一、人物简介

张瑞敏,男,汉族,中共党员,1949年1月5日出生于山东莱州,人单合一模式创立者,全球50大思想管理家之一,创建了全球白电(白色家电)第一品牌海尔,因其对管理模式的不断创新而受到国内外管理界的关注和赞誉。世界一流战略大师加里·哈默评价张瑞敏为互联网时代CEO的代表。张瑞敏连续当选第十六届、第十七届、第十八届中央委员会候补委员。现任海尔集团党委书记、董事局主席、首席执行官。

2015年11月,张瑞敏应邀到伦敦参加全球最具影响力的"50大管理思想家"颁奖典礼,张瑞敏被授予 Thinkers 50 杰出成就奖"最佳理念实践奖",是第一位且唯一一位获得此奖项的中国企业家。与此同时,张瑞敏还入选了"2015年度 Thinkers 50 榜单",是唯一同时获得两个奖项的中国企业家。

2016年11月24日,在2016国是论坛上,张瑞敏做了题目为《互联网时代海尔的转型探索与实践》的主旨演讲,重点阐述了海尔在互联网时代,由大型企业向互联网企业转型的实践及体会。

2018年12月18日,党中央、国务院授予张瑞敏"改革先锋"称号,颁授改革先锋奖章,并获评注重企业管理创新的优秀企业家。

1. 人物经历

1984年12月,出任海尔的前身青岛电冰箱总厂厂长,制定了海尔第一个发展战略——名牌战略。

1985年,果断决策,砸毁76台有缺陷的冰箱。

1988 年 12 月,带领海尔获得了中国电冰箱史上第一枚质量金牌。

1990 年,带领海尔先后获得国家颁发的企业管理“金马奖”“国家质量管理奖”。

1991 年 12 月,成立海尔集团,任总裁,并制定了海尔第二个发展战略——多元化战略。

1992 年,第一次作为党代表参加中国共产党第十四届全国代表大会;开始建设中国家电业第一个工业园——青岛海尔工业园。

1995 年,带领海尔以“吃休克鱼的方式”兼并原红星电器,获中国科技大学工商管理硕士学位。

1997 年,出席中共十五大;获香港《亚洲周刊》当年度杰出华裔成就奖。

1998 年,应邀到美国哈佛大学讲课,成为第一位登上哈佛讲坛的中国企业家;“海尔文化激活休克鱼”案例选入哈佛商学院案例库;制定海尔第三个发展战略——国际化战略。

1999 年,出任海尔集团董事局主席;走出国门,在美国南卡州罗来纳建立生产基地。

2000 年 5 月,改任海尔集团首席执行官;出席第三十届达沃斯经济论坛;应邀到瑞士洛桑国际管理学院(IMD)演讲。

2001 年,前往美国哥伦比亚大学和沃顿商学院讲课。

2002 年,参加党的十六大,并入选主席团,当选为第十六届中央委员会候补委员;由中影集团、山东电影制片厂联合投拍的,以张瑞敏为人物原型的影片《首席执行官》上映。

2003 年,出席在日本横滨市举行的“2003 生产革新综合大会”,是唯一获邀的中国企业家。

2005 年,参加党的十六届五中全会。

2007 年,参加党的十七大,并当选为中国共产党第十七届中央委员会候补委员。

2008 年,率先推行零库存下的即需即供战略,砸掉仓库,使海尔在当时的金融危机中未受到较大影响。

2009 年,应邀参加“第 18 届中外管理官产学恳谈会”,与日本京瓷公司创始人稻盛和夫探讨企业永续经营管理真谛。

2010 年,在美国与世界顶级的管理大师迈克尔·波特、加里·哈默交流人单合一双赢模式及自主经营体创新。

2011 年,作为改革开放见证和亲历者的代表,接受中央大型文献电视片《旗帜》的采访拍摄。

2011 年,运作海尔并购日本三洋白电项目。

2012 年,第五次作为党代表参加党的十八大,并当选为中共第十八届中央委员会候补委员;制定海尔第五个发展战略——网络化战略。

2013 年,获邀出席美国管理学会(AOM)第 73 届年会,并做主题演讲,是本届年会演讲嘉宾中唯一的企业家。

2014 年,以主题演讲人身份第三次登上了世界著名的沃顿商学院全球论坛;美国权威商业媒体《战略与经营》发布专题报道《记中国哲学家——海尔 CEO 张瑞敏》。

2015 年,在“人单合一双赢模式探索十周年暨第二届海尔商业模式创新全球论坛”上作主题演讲,系统阐述人单合一 2.0——共创共赢生态圈模式。

2015 年,作为唯一受邀的中国企业家,在第七届德鲁克全球论坛上发表演讲;入选“2015 年度 Thinkers 50 榜单”并荣获 Thinkers 50 杰出成就奖“最佳理念实践奖”。

2016 年,荣膺“青岛 2015 年度经济人物”。

2016 年,入选《财富》(中文版)发布的 2016“中国最具影响力的 50 位商界领袖”。

2016 年,在第 86 届耶鲁 CEO 峰会上,张瑞敏被授予“传奇领袖奖”奖项,成为本年度唯一一位荣获该奖项的中国企业领袖。

2017 年 3 月,入选美国《财富》杂志发布的 2017 年度“全球最伟大 50 位领袖”。

2017 年 6 月，当选山东省出席党的十九大代表。

2. 人物评价

海尔张瑞敏的成功一方面在于通过并购拓展业务。2016 年，海尔张瑞敏用 54 亿美元买下了 GE 的家电业务。更重要的是，张瑞敏看到了大多数 CEO 看不到的未来。很多 CEO 称呼员工为同事，还有的叫搭档。而张瑞敏称他的 7.3 万名员工为创客，而且他们是真正的创业者。这是海尔张瑞敏让海尔这个世界第一大家电制造商转型的标志。在改变的过程中重构这个大经济体，其深远意义非世界上其他任何一个公司能比。——《财富》杂志

二、公司现状

Haier

海尔集团创业于 1984 年，是全球大型家电品牌，目前已从传统制造家电产品的企业转型为面向全社会孵化创客的平台。在互联网时代，海尔致力于成为互联网企业，颠覆传统企业自成体系的封闭系统，变成网络互联中的节点，互联互通各种资源，打造共创共赢新平台，实现攸关各方的共赢增值。

2017 年天猫双十一“亿元俱乐部”榜单显示，海尔位列第四名。2018 年 6 月 20 日，世界品牌实验室（World Brand Lab）在北京发布了 2018 年《中国 500 最具价值品牌》分析报告中，海尔（3502.78 亿元）居第三位。

2018 年 7 月，海尔在“2018 年《财富》世界 500 强”中排行第 499 位。

三、创业历程

1. 名牌战略阶段（1984～1991 年）

张瑞敏抓住改革开放的机遇，以要么不干要干就要争第一的观念，以为用户提供当时最渴望的高质量产品体验为目标。当时抓住改革开放机遇的企业非常多，但以这种观念去干的并不多，很多人觉得原来设备差，引进很好的设备，产品比原来要好得多，市场又供不应求，卖就行了。但张瑞敏不这么想，他当时的目标就是为用户提供最

想得到的、高质量的产品。

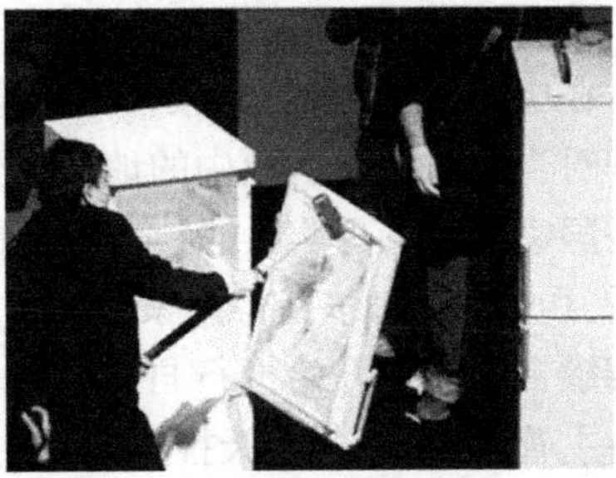

张瑞敏当众砸冰箱

张瑞敏认为,要实现战略目标,得有和别人不一样的差异化的路径。当时同行业的路径是:引进国外先进的设备和技术,全力以赴上产量。而海尔走出的差异化路径是:靠提高人的素质来提高竞争力,而不是仅仅依靠引进的设备和技术。当时典型的事件就是砸冰箱,张瑞敏带头砸毁了76台不合格冰箱,在那个物资短缺、冰箱需要凭票购买的年代,他的举动曾让很多人不解。张瑞敏说,砸冰箱砸的是一种观念,砸醒员工的质量意识。

1985年,一位用户向海尔反映:工厂生产的电冰箱有质量问题。于是张瑞敏突击检查了仓库,发现仓库中有缺陷的冰箱还有76台!当时研究处理办法时,干部提出意见:作为福利处理给本厂的员工。就在很多员工十分犹豫时,张瑞敏却做出了有悖"常理"的决定:开一个全体员工的现场会,把76台冰箱当众全部砸掉!而且,由生产这些冰箱的员工亲自来砸!

听闻此言,许多老工人当场就流泪了……要知道,那时候别说"毁"东西,企业就连开工资都十分困难!况且,在那个物资还紧缺的年代,别说正品,就是次品也要凭票购买的!如此"糟践",大家"心疼"啊!当时,甚至连海尔的上级主管部门都难以接受。

但张瑞敏明白,如果放行这些产品,就谈不上质量意识!不能用任何姑息的做法,来告诉大家可以生产这种带缺陷的冰箱,否则今天是76台,明天就可能是760台、7600台……所以必须实行强制手段,必须要有震撼作用!因而,张瑞敏选择了不变初衷!

结果,就是一柄大锤,伴随着那阵阵巨响,真正砸醒了海尔人的质量意识!从此,在家电行业,海尔人砸毁76台有缺陷冰箱的故事就传开了!至于那把著名的大锤,已经收入国家历史博物馆。

从市场角度来看,1988 年,海尔获得了冰箱行业第一枚金牌。当时在中国,金牌是非常难得的荣誉,老百姓的关注度非常高。这枚金牌对当时海尔在行业中的地位起到了非常大的作用。1990 年,海尔获得国家质量管理奖,1991 年又获得全国十大驰名商标。从管理的角度看,1990 年,海尔获得国家级的奖励中国企业管理金马奖。同时期,张瑞敏带领海尔开始推行自主管理班组。从 20 世纪 80 年代就开始做自主管理,与海尔今天推进的自主经营体一脉相承。

2. 多元化战略阶段(1991~1998 年)

这一时期,张瑞敏抓住邓小平同志南方谈话的机遇,积极进行企业兼并和工业园的建设。当时,海尔兼并了包括洗衣机、电视机、空调在内的多个企业,有的甚至是跨所有制兼并。通过兼并,海尔一下进入到了很多领域,但进入很多领域只是手段,不是目的。张瑞敏的目的是为用户提供他们所希望的系列白电高质量的产品和服务。

这一阶段,张瑞敏实现目标的差异化路径就是被哈佛商学院采用的“海尔文化激活休克鱼”案例。按照这一思路,海尔兼并了 18 家企业,创出一条靠企业文化,将人的因素放在第一位的兼并道路。张瑞敏提出一个口号:“多换思想少换人,不换思想就换人”,注重的就是提高人的素质,改变人的观念。这和很多企业的兼并完全不一样。当时海尔提出要多元化发展时,受到外界很多质疑,很多人认为海尔做多元化肯定不行。但张瑞敏觉得本质不在于专业化还是多元化,本质在于能不能有一个可以给用户提供系列的、高质量产品和服务的体系。如果没有,专业化和多元化都没用。这个时期很多企业意识到质量的重要性了,忙于补质量这一课,顾不上服务体系的建设。而张瑞敏已经提出星级服务了,后来便有了海尔最有名的服务体系。

1995 年 7 月,青岛市政府决定把红星电器公司整体划归海尔集团。红星电器本来和海尔一样在青岛市是重点企业,后来由于经营不善,在海尔成为中国家电第一名牌时,红星电器却亏损 1 亿多元,资不抵债。

此时,在张瑞敏面前摆着一个艰巨任务:如何操作又如何发展?于是,张瑞敏首先提出一个问题:红星电器失败于何处?是技术问题,资金问题，还是员工问题？而他认为：红星的失败，不是少技术，也不是少资金，更不是员工不好，关键是管理不到位，职工凝聚力差，缺乏将现有生产要素有效组合的灵魂。而海尔员工、干部有共同认可的价值观，形成了海尔文化。因此，当前的紧迫工作就是将海尔文化输入到红星。只要思想认识一致了、统一了，一切都好办。文化是企业灵魂，无形资产可盘活有形资产，红星必然重生。

海尔经受住了这个文化兼并成败的考验。在划归第二天，杨绵绵就率领企业文化、资产管理等五大中心的管理人员进驻红星，实施"文化先行"的管理理念。随后，张瑞敏又到红星全体中层以上干部会上推心置腹地讲述自己的管理心得与体会。要求大家从我做起，目标是2~3年争创中国洗衣机第一品牌，最终是国际名牌。

3个月之后，企业扭亏为盈，海尔洗衣机成为全球洗衣机第一品牌和第一制造商。

1998年3月，"海尔文化激活休克鱼"案例被写入哈佛商学院案例库，张瑞敏应邀去哈佛讲这一课，成为第一位登上哈佛讲坛的中国企业家。

从市场角度来看，海尔初步建成了全国第一个家电工业园。从管理角度看，1995年海尔日清管理法获得国家管理一等奖。

3. 国际化战略阶段(1998~2005年)

这个阶段，张瑞敏在观念上抓住了中国加入WTO的机遇，以出国创牌，而非出口创汇的观念确定了海尔的定位。要达到的目标是为用户提供价值。

这个时期，中国市场越来越开放，但宁可在国内喝汤也不到国外去啃骨头的观念决定了很多家电企业做定牌，而不是创牌。

当时海尔采取了两个差异化的路径，一是在美国南卡罗来纳州建厂，二是购并意大利一家冰箱厂。这两个举措当时引起了很大的争议，当时媒体说美国的工厂都到中国来设厂，海尔反其道而行地跑到美国去设厂，最后肯定以失败告终。张瑞敏知道，到美国设厂肯定没有成本的优势，但今天来看当时的决策是对的。并购意大利工厂也曾被记者认为是一个最愚蠢的决定，但实践证明这一决策不但不愚蠢，反而是一个很有前瞻性的决定，意大利工厂在海尔“三位一体”战略的落地中起到了重要作用。今天消费者在德国市场上看到的卖得很贵的冰箱就是意大利工厂生产的。

海尔的美国工厂

海尔为何在美国建厂？1999 年，张瑞敏决定投资 3000 万美元，在美国南卡罗来纳州建立海尔美国工业园，生产家电。

一石击起千层浪。国内很多人认为海尔是在盲目扩张，并为其担忧，甚至不少人明确对此持批评态度。人们批评的依据，就是美国的优势在于技术领先，劣势在于人力成本高而且市场饱和，去美国无异以己之短攻人之长。有本杂志以《提醒张瑞敏》为题，为海尔在美国建厂的前景担忧。

可是，海尔决策层却像“下雨打伞”一样认为去美国办厂是理所当然的事。到美国建厂有风险，但是不到美国建厂是否就没有风险？海尔人要在风险中抓机遇。

当然，敢于冒风险不等于没有预防风险的措施。在这方面，海尔做了充足预算。

在市场方面，海尔的理念是“先有市场，再建工厂”。当时的海尔向美国出口冰箱已经达到 50 万台，而实际上达到 29 万台，就可达到建厂的盈亏平衡点。

在成本上，美国劳动力年薪 2.5 万美元，中美两地工薪差别达到 8~10 倍。但海尔进一步分析后认为事实并非如此简单：一是中国低工薪优势其实完全被运费抵消了，而且今后运费有走高的趋势。二是在美国建厂还可以就地收集信息，就地技术开发。三是可以节省从中国到美国集装箱运输时间 30 天，另外又节省从接订单到生产的 30 天，这对生产需求的快速反应至关重要。四是“美国制造”的标签是个卖点，对美国零售商很有吸引力，可以平等地与美国企业竞争，其优势是很大的。

如今在美国，年轻一代都知道海尔是一个很好的家电品牌，已经不知道它是来自中国的品牌，海尔品牌正在成为美国“本土”的品牌。

随着中国企业“走出去”的起航，海尔的国际化行动已毫无疑问成为中国企业出海的领航者。

从市场的角度看，这7年海尔建立了制造工厂18个，营销中心17家，研发中心9家，形成集研发、制造、营销“三位一体”的战略布局。从管理角度看，张瑞敏创新的市场链管理案例在2000年进入瑞士的洛桑商学院。当时提出让人人成为战略业务单元(SBU)，实际要让每一个人都成为一个盈利的单位。

4. 全球化战略阶段(2005~2012年)

这个阶段，张瑞敏在观念上抓住了互联网时代的机遇。从满足大规模制造转变为满足用户个性化需求，加快走上去的步伐。从创造用户的角度和创造用户满意体验的角度，目标是为全球用户提供白电引领的体验。

当行业都在打价格战时，张瑞敏率先在家电业推进零库存下的即需即供战略，建立社区店，配以建成的三专店体系，建立一条以企业为中心到以用户个性化需求为中心的道路。要做到零库存下的即需即供，也就是用户要就能马上提供，用户不要也不会形成库存。

在营销体系上，第三个战略阶段海尔开始建专卖店。当别人还依靠大连锁时，张瑞敏又进了一步，建立社区店，建成三专店。这些体系直接面对用户，直接满足用户需求，加上零库存下的即需即供，完全形成一个综合的体系去实现从以企业为中心到以用户个性化需求为中心的转型道路。

2008年，由美国“次贷危机”引发的全球性金融风暴开始了，但在中国市场，当时还没有蔓延到实体经济，至少在家电市场还看不出这种迹象。尽管如此，当时的海尔正在张瑞敏的主导下进行一次非常重要的转型，从以企业为中心向以用户为中心转型，从制造业向服务业转型。

2008年8月28日，海尔历史上又一个值得铭记的日子，这一天，张瑞敏再一次举起他那把“大锤”，这一次，他要砸的不是冰箱，而是仓库。

当张瑞敏及海尔决策层提出要取消 DC 库(海尔在各工贸公司设立的物流仓库)的时候,整个市场的人员都炸锅了。市场人员直接说:“这是不可能的,市场形势那么差,有仓库都未必能满足客户的需求,更别说取消仓库了。要是取消仓库的话,销售肯定要大幅下降。”

客户的反应也非常大。一位海尔的老客户,也是大客户给海尔反映:“你们要取消仓库,大方向我们认可,但你们这样做是违约的。”因为按照经销合同,客户是在当地的海尔仓库提货。没了仓库,给客户造成了交货不及时的麻烦。

张瑞敏和他的决策层顶住压力,做法是:卖不出去就停下来,停下来怎么办?停下来倒逼企业内部的体系变革。为了不让变革的成本影响到客户,海尔改变了自己的供应链流程,周下单、下周单,按单生产。虽然没有仓库了,但通过订单模式和流程的变革,海尔把货放在公路上,放在集装箱上,实现即需即供。

国庆节之后,金融危机明显波及到中国市场,市场零售大幅下滑,行业的库存大幅上升,而海尔的库存处理得恰到好处。

从市场角度来看,海尔建立了五大研发中心,这些研发中心和原来的 9 个研发中心完全不一样,是平台型的研发中心。原来研发中心指的是自己有多么高能力的研发人员,自己的研发机构就有多么高的能力。海尔的研发中心是看能整合到什么样的能力,就代表研发中心有什么样的能力,所以这五大研发中心完全是平台型的,以此形成世界就是我的研发部的开放式创新体系。另一个市场上的成功就是收购了三洋白电和新西兰国宝级品牌斐雪派克。从管理角度来看,海尔及其人单合一双赢模式已经成为世界多家商学院研究的对象。

5. 网络化战略阶段(2012~2019 年)

2012 年 12 月 26 日,海尔创业 28 周年之际,张瑞敏宣布海尔进入第五个战略阶段,其战略主题为网络化战略。

2012 年 12 月,瑞士洛桑。全球知名商学院 IMD 将“IMD 管理思想领袖奖”颁给了海尔集团首席执行官张瑞敏,以表彰其对现代管理艺术与实践所做的贡献。

时间向后回拨一天，西班牙 IESE 商学院的学术报告厅内，张瑞敏在 IESE 商学院院长卡纳尔的陪同下，走进学术报告厅。随着演讲开始，一场关于互联网时代企业管理思想的碰撞由此展开！

在了解到张瑞敏受邀即将到西班牙，就互联网时代企业管理话题，阐释海尔人单合一管理理论做演讲报告的消息后，来自欧洲管理领域的各界专家、学者、精英来到现场。“由于海尔人单合一双赢模式在其所属国际化企业推广获取的成功，这一管理创新模式也在欧洲引起极大关注。原本计划 300 个到场听讲名额，结果有 600 余人申请，这在 IESE 商学院历年举办的学术讲座活动中是非常少见的。”西班牙 IESE 商学院相关人士介绍。在一个多小时的演讲中，张瑞敏的观点和见解，让全场听众聚精凝神。

IESE 商学院卡洛斯教授对张瑞敏此行的评价是：张瑞敏先生的演讲，给沉闷的欧洲经济吹来一股清新之风，张瑞敏先生带领海尔所进行的商业模式创新，就是一场互联网时代管理思想的解放运动。从传统走向现代，从封闭走向开放，从守旧走向创新，海尔模式创新的本质就是一种对进取、速度与价值的追求，通过对人单合一文化融合的研究，海尔的探索具有了时代意义。

2015 年 11 月 5~9 日，张瑞敏踏上欧洲“求索之旅”，应邀出席德鲁克全球论坛、全球最具影响力的 Thinkers 50 颁奖典礼，并与“管理哲学之父”查尔斯·汉迪、“管理领域伟大的离经叛道者”亨利·明茨伯格、《逆向创新》作者维杰伊·戈文达拉扬等多位国际知名管理学者进行了交流。《管理百年》作者、Thinkers 50 创始人斯图尔特·克雷纳评价：以前中国没有现代企业的管理思想，但是现在有了。海尔的管理真的具有启发意义和创新精神，过去我们从西方的企业寻求灵感，现在我们放眼全球，海尔就是在管理创新上最杰出的企业之一。

2016 年 6 月 8 日，在美国纽约公共图书馆 Schwarzman 大楼举办的第 86 届耶鲁 CEO 峰会论坛上，张瑞敏被授予“传奇领袖奖”，成为当年唯一一位荣获该奖项的中国企业领袖。耶鲁大学管理学院领导力项目高级副院长 Jeffrey Sonnenfeld（杰弗里·桑尼菲尔德）评论道：张瑞敏是一位真正的全球商业巨人，他令他的竞争对手、同行及像他一样的中国商业领导人都肃然起敬。作为一个转型领导者，他汲取中西方商业实践的精华，创造了他自己独特的模式。

四、人物名言

(1)永远战战兢兢，永远如履薄冰。

(2)物流以时间消灭空间，商流以空间消灭时间。

(3)如果你种植的是一个失败的种子，你得到的一定是失败；如果你种植的是一个成功的种子，那么你就一定会成功。

(4)盘活资产首先要盘活人。

思考

1. 张瑞敏在创业过程中遇到了哪些难题，是怎么解决的？

2. 张瑞敏在创业过程中有哪些转折性事件？

3. 张瑞敏身上有哪些值得创业者借鉴的品质？

第四章　大学生创业案例

案例一　体育文化部落项目

一、项目介绍

体育文化部落为满足大学城高校园区的市场需求而生，旨在向大学生传播积极向上的体育精神，使大学生走下网络、走出宿舍、走向操场。

针对消费群体的消费心理、消费水平、消费习惯等制定出了适合大学生的营销策略。即以顾客需求为出发点，更好地为顾客提供满意的商品和服务。

体育文化部落经营体育用品销售、班服球服定制、体育活动项目策划，是为广大在校大学生提供一个交流学习的空间的理想场所，本店初期根据大学生需求销售各种体育用品，乒乓球、羽毛球、网球拍及各类球、呼啦圈、轮滑鞋等，团购体育用品，定制球服班服等。店主还是河南中医药大学校女篮大中锋，可以带领喜爱篮球的女生一起打场篮球赛！向大学生传播乐观、向上、公平竞争的体育精神，增强大学生体育锻炼意识。

二、发展历程

项目从只有两个人发展到拥有一名研究生技术顾问、两名店员共五人，一起来经营店铺。从只做零售到联系各院系篮球、排球比赛，批量销售球衣；从无人知晓到在同学之间稍稍有些知名度，立志要把项目做得更精、做得更大。

三、未来规划

第一阶段:专注于产品与服务。

第二阶段:向龙子湖高校园区扩散。

第三阶段:进军郑州乃至河南省各高校。

案例二 之痕花艺项目

一、项目介绍

之痕花艺隶属于河南之痕文化传媒有限公司(简称之痕文传),是一家以诚信、细致、开拓、创新、坚持为经营理念的文化传播企业。

花店目前经营范围:鲜花,以及鲜花花艺的设计、制作、售卖;干花,以及干花花茶、干花装饰品、干花花束的设计、制作、售卖;皂花,以及皂花花束、花盒的制作;花艺周边产品,包括设计花艺校徽、鲜花、干花手工皂、永生花、干花吊坠及耳坠等花艺饰品的制作等;花艺场景布置;定制摄影服务。

主营业务:鲜花、花艺单品及场景的设计、制作。

二、发展历程

店铺原名:蜂信子花艺。自 2017 年 3 月接管该项目后,2017 年 4 月 1 日,店铺重新投入运营。经历一年发展,店铺发展稳定良好,并于 2018 年 3 月创办新公司——河南之痕文化传媒有限公司,花店遂改名之痕花艺。

起始,经历两个月左右的困难期,随后逐步开始稳定发展。其间经过一系列营销活动,初步打开市场,知名度慢慢提升,不仅让本校师生知道花店,同时也初步接触周边几所学校市场,包括河南财经政法大学、华北水利水电大学、郑州航空工业管理学院、河南农业大学等学校。学生流动性较大,每年都需宣传推广,因此在发展过程中,慢慢转变为网络服务模式,靠近“互联网+”。目前主要手段为社群营销模式,依靠微信群和小程序两种工具展开营销。作为一家服务性质的店铺,逐步谋求发展,实现过渡。目前店铺发展稳定,一切发展都在按计划展开。

本项目专注于大学生市场,鲜花零售、花艺培训等。从龙子湖高校园区逐渐拓展到郑州市各大高校,再到河南省内各大高校。

案例三 聚力免费文印项目

一、项目介绍

聚力免费文印是一项以爱心、和谐、环保、节约为理念的项目。它通过充分利用大学生日常复印中浪费掉的复印纸背面进行广告投放，是一种极具亮点的全新广告宣传模式。操作办法为合作印刷厂负责将背面印有商家广告的复印纸配送到我处及我处合作的各大高校内的其他复印店，为在校学生进行免费复印，每人每天限免费复印 10 张。校园免费复印纸广告是以绿色、环保、爱心、服务为理念，以服务公众、崇尚环保、爱心和谐为宗旨的新型文化传播模式。

二、发展历程

本项目前期主要为师生提供免费打印、复印及正常打印、复印服务。辅助业务有校园广告策划、广告设计制作等。

通过免费复印项目，公司积累了一部分资金并拥有了一批忠实的广告客户，基本上广告客户都有广告设计的需求，因此广告设计逐渐也发展为公司的一项重要业务。

三、未来规划

投放广告需要一定的规模才能获得明显的成效，仅靠一两家复印店形成的推广效果相对有限。项目接下来要做的是通过现有成功的案例，将模式向更多复印店推广，让利给合作的复印店，自身逐渐改为承担广告策划、设计方面的任务，成为一家新型的广告策划设计公司。

案例四 知我通信项目

一、项目介绍

河南中医药大学三号宿舍楼七号店知我通信致力于为全校师生提供优质的服务而不断努力,不仅为同学们提供物美价廉的产品,如通信设备、手机配件等,还把手机维修当成主要的服务项目。在这里,同学们可以享受到非常专业的手机贴膜及手机电池的更换服务,更有专门的金士顿 U 盘专柜,以及免费为同学们讲解校园联通各种优惠活动。

二、发展历程

知我通信店的前身可以说是一个手机俱乐部,建立于 2014 年。到 2016 年 9 月由姜梓团队接手。在此期间,该店经营过一段时间的 DIY 手工作坊,2017 年 10 月由刘文博团队接手至今,在重新定位了知我通信店的主营业务后,一直在不断地发展与完善。比如,在 2018 年上半年,开始与联通营业厅合作,为同学们带来校园卡及手机预存等优惠活动;2019 年 4 月,在成立一年半后,又开始进行校园师生感恩大回馈活动,免费赠送同学们手机钢化膜及手机壳等相关礼品。在此,知我通信店再次明确了自己经营的目标,就是为广大师生提供最为优质的服务,即“知我通信”——“知心你我”。

三、未来规划

(1)旧手机的回收与置换,与星期六回收平台合作,打造龙子湖高校园区二手手机的回收与置换第一实体店。

(2)与河南才达恒弘电子科技有限公司发展成为战略合作伙伴,与“互联网+”相结合形成线上预订、线下合作、售后服务店内一体化的营销模式。

案例五　郑州益满白云商贸有限公司“爱心租赁屋”项目

一、项目介绍

郑州益满白云商贸有限公司“爱心租赁屋”现位于河南中医药大学三号楼地下室创业实践基地8号，主要承接适用于各种场合的服装及舞台、音响、灯光等设备租赁，是郑东新区龙子湖高校园区诞生的第一家服务于大学生服装租赁行业的工作室，可满足学校各大活动服装道具所需，为同学们丰富多彩的校园生活增色；每年毕业季还为大家提供毕业照制作服务，给即将离校的同学们的大学生活画上圆满的句号。

二、发展历程

“爱心租赁屋”隶属于“白云苹贫困生基金会”，2003年“白云苹贫困生基金会爱心洗衣社”的成立，是租赁屋的前身；2015年，“爱心租赁屋”落户于三号楼地下室创业实践基地25号，租赁屋正式成立。此后为同学们提供各式服装租赁业务；2015年12月16日，郑州益满白云商贸有限公司成立，旨在为同学们提供更加专业的服务；2018年暑假，租赁屋由25号迁至8号，店面进行了全面的装修升级，为同学们提供了更加舒适的环境和更高质量的服务。

三、发展规划

本着基金会“自尊自信，自立自强，传承文明，播撒爱心”的精神，“造血”为公益的宗旨，未来爱心租赁屋将会与多家衣物租赁公司合作，充分利用线上宣传，扩大经营范围，在整个龙子湖高校园区提升品牌知名度。

案例六 Magic 文印项目

一、项目简介

Magic 文印项目,旨在帮助同学们记录完整大学生活,以大学在校生班级为单位,签订服务协议,为其在校期间提供一系列的拍照、摄影、视频设计、光盘刻录等服务,以视频的方式将同学们在校生活的音容笑貌永久地保存,在毕业的时候同学们可以拿到一张刻有大学美好时光的视频光盘,包括自己从大学新生报到、军训、班级活动、毕业照、毕业感言等在内的完整的大学生活。

业务主要有:①摄影类:视频拍摄、照片拍摄;②设计类:纪念册、宣传画册、展板、海报、喷绘、宣传页等;③打印复印:普通打印及复印、小册子、书籍制作等;④其他类:DIY 相册、学士服、工艺礼品、文化衫、马克杯等。

二、发展历程

总体来说运营状况不断提升。

(1)业务范围相比之前扩大很多,更加细化。

(2)企业人员不断增加,由刚开始几个人的创意发展为一群人的奋斗目标。

(3)月营业额由原来的几千元发展到 14000 元。

(4)服务客户不断增加。

三、未来计划

目标一:占领龙子湖高校市场。

目标二:专职员工超过 2 人,兼职员工 20 人,设计师超过 3 人。

目标三:技术人员、设计师培训。

公司业务进一步拓展:巩固河南中医药大学市场(包括河南中医药大学第一、第三附属医院)并扩展市场到周边院校,同时进行各大医院及其他企业业务宣传;拓展科技市场店铺业务,加大投资力度。

公司营业项目继续完善,包括培训技术人员设计能力、销售人员业务能力,不断提高服务质量,提高竞争力。

根据中国统计年鉴2017,截止到2017年年底,普通高校在校学生数约为2695.8万人。随着高校教育的逐步普及,以及地区贫富差距的改善,2018年大学生在校人数只增不减。每个人的青春时期都值得铭记,大学尤为重要,是一个人从青春年少走向成熟稳重的过渡时期,在这个时期内留下的回忆都是极具有纪念价值的。因此,需要班级纪念视频、毕业纪念册来记录下大学生活中的点点滴滴以供未来怀念,市场巨大,前景看好。据测算,当合约班级达到200个班级时,成本将明显降到每班500元。

案例七　弘医项目

一、项目简介

“弘医”以弘扬、宣传、普及中医药文化知识为目的，致力于实现中医药文化的伟大复兴。项目曾获2018年河南省“创青春”创业大赛一等奖。主要通过线上微信公众平台、微博、头条号、QQ空间、喜马拉雅，以及线下讲座、宣讲、支教、义诊等活动，面向不同人群，开展不同的栏目，以不同形式弘扬、宣传、普及中医药文化知识。同时以线下活动积累的原始资料进行出版、售卖及销售中医相关书籍和文化产品。

二、发展历程

“弘医”面向广大在校生开展了一系列传承经典的读书会活动，累计有3000余人因此受益，通过微信公众平台发布的讲座视频观看人次超过12万，也从中走出了一批水平较高的经典传承人。

面向广大社会人群有针对性地宣传中医药文化、知识，通过社交媒体、社区讲座、义诊等方式，广泛介绍、推广、宣传了中医药在健康及中医养生保健方面的技术与方法，达到了良好的宣传效果。

同时，建立了中医药文化建设专题网、微信公众平台、QQ公众空间、微博等网络宣传教育平台，在上面发布了一系列文章、视频等宣讲资料，充分利用网络技术传播中医药文化知识。

弘医公益已开展了多年的志愿活动。在学校已形成较大的影响力，且在义诊、读书会、宣传教育方面积累了较多经验和资料。同时，也形成了比较完备、科学、合理的人才梯队、组织机构，建立了良好的协作关系，制订了合理的项目实施进度计划，保障了项目的顺利执行。

三、发展规划

弘医公益事业预期利用三年时间，打造一支公益队伍，以组织开展公益活动为载体，在汇总整理活动资料的基础上，形成公益成果，最终达到提升公益影响力的目的。

1. 队伍建设

(1)专业指导老师:5~10人。在弘扬中医药文化知识方面答疑解惑,组织义诊活动。

(2)宣传讲师:20~30人。公益组织的核心成员,有不少于20学时的宣讲内容。

(3)宣传员:80~100人。协助开展校外宣传、普及中医药文化知识活动。

(4)参与会员:300~500人。参加校内讲座、读书会,后期可升为宣传员、宣传讲师。

2. 组织活动

(1)仲景大讲堂:每学期15~18次,90~110分钟每次,专业指导老师平均2次以上。

(2)义诊活动:每学期4~6次,3小时每次。

(3)校内宣讲:每学期35~40次,90分钟每次,宣传讲师平均1~2次。

(4)校内宣传活动:每学期4~6次,3小时每次。

(5)校外宣传活动:每学期4~6次,3小时每次。

(6)普及活动:每学期35~40次,40分钟每次。

3. 活动资料

(1)仲景大讲堂:视频、文字资料、讲稿可以整理出书等;

(2)义诊活动:相关医疗器械、旗帜条幅、活动照片等;

(3)校内宣讲:文字资料、PPT、精品资料可以合辑出版等;

(4)校内宣传活动:宣传资料、活动照片、活动总结等;

(5)校外宣传活动:宣传资料、活动照片、活动总结等;

(6)普及活动:出版普及书籍、PPT、活动照片等。

4. 公益成果

(1)科普读物、图书:将相关活动资料整理后出版;

(2)影像制品:开展中医药文化知识传播公开课;

(3)公益活动品牌:结合企业赞助公司的要求,策划及组织相关的公益活动等；

（4）在创业店铺发展中，形成资源的合理开发和利用，产生经济效益反哺公益活动。

5. 社会影响力

（1）树立良好的社会公益形象；

（2）为企业、学校、各种组织开展公益类活动提供平台；

（3）打造河南弘扬、宣传、普及中医药文化知识的品牌。

案例八　河南禅易康缘医药科技有限公司项目

一、项目简介

河南禅易康缘医药科技有限公司以"传承岐黄文化，造福人民百姓"为宗旨，主要经营以中医为主的产品及服务，是一项服务为主，产品并重的项目。公司经营范围包括医药技术开发、技术咨询、技术服务；健康管理咨询（医疗、诊疗项目除外）；文化艺术交流活动策划；会议会展服务；展览展示服务；批发零售：日用百货、一类、二类医疗器械、预包装食品（凭有效许可证核定的经营范围及有效期限经营）；保健按摩（不含医疗按摩）等。本项目以管理个人健康为主要目标，旨在调动个人及集体的积极性，有效地利用有限的资源来达到最大的效果。本项目开展以中医养生为主，加以中医特色刮痧、拔罐、纯艾绒灸法、特色推拿按摩手法，辅以中药特色面膜、茶包、药包等管理个人体重，为人们的健康保驾护航。

二、发展历程

创业初期，我们成立了中医太美健康管理体验中心。2016 年，我们在河南中医药大学创业实践基地的帮助下注册了河南禅易康缘医药科技有限公司，自主研发了中医养生产品"飘怡珍艾"艾宝，并与南阳美怡艾业有限公司合作生产，目前已投放市场。2017 年，又成立了郑州市郑东新区禅医医药技术研究所，为自主研发新产品、新服务提供支持。

近几年，我们项目在团队成员的共同努力下获得了很多荣誉，2018 年，在"新时代，新梦想"首届大学生创新创业优秀项目选拔赛中获二等奖，同年 8 月，在河南省大学生创业大赛中获创业实践挑战赛二等奖。

2019 年，我们公司再次起航，开展以中医养生为主的个人健康管理项目。该项目以特色刮痧、拔罐、纯艾绒灸法、特色推拿按摩手法等中医服务项目为主，以中药特色面膜、茶包、药包等产品服务为辅，积极调动个人及集体的积极性，有效地利用有限的资源来达到最大的效果。

三、未来规划

公司主要服务有特色刮痧、拔罐、纯艾绒灸法、特色推拿按摩手法等，主要产品为中药特色面膜、茶包、药包等，以这些服务和产品为主占领中医健康养生市场，建立自己的品牌，积累无形资产，收回部分初期投资，然后再扩大项目规模。

我们计划以精湛的技术和热情的服务打开市场，利用本公司的技术优势和品牌影响力，开发养生保健领域的其他相关产品及医疗服务，拓展市场空间，扩大市场占有率，同时提升品牌形象，增加无形资产，为拓展新市场，开展更多的产品研发做准备。

基于公司的可持续发展目标，我们计划实施人才战略，做好人才引进，招新纳才，分别引进具有扎实医学理论基础、管理能力、营销能力、科研能力等储备性人才；鼓励员工积极学习，考取适合公司发展的各种执业资格，制定“尊重知识、尊重人才”的公司发展战略。

建章立制，实行公司规范化管理，根据部门分工情况，建立和完善各种管理和奖惩制度，做到责任、利益对等，提高公司员工工作的积极性和主动性，保障公司运作效率和发展步伐，努力成为养生保健及健康管理领域的领先者。

四、经验分享

这是我们的第一次创业尝试，虽说项目发展空间还有很多，但是通过近几年的努力，我们也积累了一定的经验，主要总结为以下几点，供大家参考：

对于很多还没有创业的人来说，创业是实现美好梦想和信念的开始，但要记住，你的心有多坚强，你的创业之路就可以走多远。随着时间和挫折的磨砺，你会慢慢发现：创业的人需要有坚定又坚强的内心，哪怕有99次想要放弃的念头，也要在第100次的时候重新坚持。创业不是闹着玩，一旦选择了这条路，你就要有充分的心理准备。首先要衡量自己是否适合创业，不妨对自己做个创业6问：①“今天就业形势不好”具体是哪里不好？②我们身边人找到工作和没找到工作的人各有多少？③何以评价人们所说的“如今是卖方市场”？④有没有想过自己是否适合创业？⑤有没有想过毕业后不必去挤人才市场？⑥有没有想过自己可以坐在办公桌后面试毕业生？如果你能毫不犹豫地回答出以上6个问题，那么你就可以着手你的创业工作了。其次要知道，危机是由“危”和“机”组成的，有危就有机，而创业是一场心理战，开始的时候，可能你会独自一人，但你也必须做好规划，创业计划书、项目规划、营销模式、产品等都需要明确；你也可以寻找一起创业的伙伴，根据你的项目内容发掘对你有帮助并且适合一起合作的人。

你要学会负责，商人和企业家的区别就在于是否愿意负起对社会的责任。如果你希望以后可以做一个企业家，那么你一定要在项目开始期间就学会对你身边的人负责。第一，如果你跟朋友们提出“跟我一起创业吧”的想法，你就必须要有“我会给你们发得出工资”的自觉。第二，要有快速的执行能力，创业很脆弱，尤其是像我们这种没有庞大的资金支持的团队，对团队迅捷的执行力要求就更高，停留理论阶段的创业项目往往会夭折，团队成员要懂得将书本的理论，或实习的经历，或与长辈交流过的内容转换成实际行动来指导项目。执行力涉及很多方面，但是最基本的是你们必须有市场+技术的人才，这样团队的分工才明确，有人做项目，有人做业务。第三，要懂得未雨绸缪，永远做好两手准备，不要等到问题出现才想解决的方案，要在前期就想好应对方案。第四，要注重细节，我们都知道“细节决定成败”这句话，对细节的把握可以决定你是否成功，如果你没有这个意识，你要注意培养对时间的控制、对进度的掌握、对人员心态的掌握都必须精确。最后，也是最重要的就是坚持，所有的磨难都是对你的考验，只要你坚持下去，并且一步一步地走下去，逐个解决你所面临的问题，那么最后你收获的一定是成功。

作为创新创业大军中的一员，尤其是还处于摸索中的我们，必须要认清创新创业的可能性与重要性。一方面,随着我国改革开放和经济的快速发展,经济结构的调整和产业升级为大学生创业构建了良好的平台,我们可以根据自己的特长,选择适合自己的创业之路。此外,创新创业的形式灵活多样,不拘一格,不再拘泥于网络,而且大学生创业的社会理念尚未成熟,这些都显示了大学生创新创业仍有很大的发展空间。近年来,为支持大学生创业,国家各级政府出台了许多优惠政策,涉及融资、开业、税收、创业培训、创业指导等诸多方面,这也为大学生创新创业提供了不可多得的机遇。另一方面,大学生自主创业无论对个人还是对社会都有重要的作用和意义。主要表现在:大学生创业可以促进科技成果的转化;大学生创业可以促进经济的发展;大学生创业创造了就业机会、缓解了就业压力;大学生创业能够激发青年人的创新精神等。因此,创业作为大学生毕业之后的一个选择方向,多了解关于创业的知识,不但给了自己一个选择的机会,对自己将来的就业也有很大的帮助。

创新创业是我们毕业之后的一条出路,但不是唯一的出路。在社会呼吁自主创业的大环境之下,大学生必须结合自身的优缺点,权衡利弊,慎重考虑各方面的因素,做出自己的选择。大学生不仅要认识到自主创业的可能性和重要性,还要知道自主创业的风险。只有在不断地完善中才能做得更好、更成功,从而实现自我的人生价值。

案例九　茶药坊项目

一、项目介绍

替同学们提供代煎中药服务，给同学们提供方便，也减少了自己煮药的安全隐患。店铺内有正规的、质量优异的中药饮片，广大师生可以实惠的价格采购中药饮片，给广大师生带来便利，不必再奔波到校外的大药房采购中药饮片。店铺内提供打粉服务，夏天可以打制驱蚊香囊，也可以帮同学们将中药材打粉便于冲服使用。店铺内有种类繁多的花茶，如水果茶，菊花茶，枸杞子茶，玫瑰花茶等。店铺内有纯中药熬制的酸梅汤，祖传秘方，不含食品添加剂，深受同学们喜爱。

二、发展历程

本店自 2013 年春季成立，成为第一家入驻河南中医药大学创业基地的项目，店铺最初仅有五六个砂锅，一台封药机器，以及刚好一药柜的中药，经过五六年的艰辛发展，到现在有 20 个砂锅，两台封药机器，以及一仓库价值十几万的中药饮片。

员工也由原来的 7 人发展到现在将近 50 人，这几年将近为 200 多个同学提供勤工俭学的岗位。

店内的员工有两位研究生，还有一位曾获得全国伤寒论背诵大赛一等奖的本科生，本店最近两年连续获得“优秀创业团队”称号，并且获得大家的一致认可，深受顾客的信赖。

三、未来规划

(1)本店的核心业务是为同学们提供代煎中药服务，以及出售优质的中药饮片，为同学们提供便利。

(2)本店会将本店的特色酸梅汤作为主打方向，进行大力宣传，让酸梅汤走出茶药坊，走向河南中医药大学及更大的平台。

(3)未来希望茶药坊并不仅仅只是一个小小的店铺或者是一个待

在创业基地的小项目,而是能够成为一个品牌,让更多的人知晓,所以要提高茶药坊的知名度,持续地宣传它。

四、经验分享

(1)当你决定创业(开一家店)时,你要做好迎接一切苦难的准备。

很多人在之前的工作里顺风顺水,觉得自己能力被低估,认为自己如果出来创业一定会大获全胜。结果创业以后发现,找人、找钱、找产品、对内管理、对外公关,大到未来的发展方向,小到一颗螺丝、一根网线、装一部电话……所有的事都一股脑摆在自己面前,这时就会陷入困惑,创业不是当老板么,怎么成了干体力活了?

很多人觉得创业当老板很轻松简单,却不知道老板要面对的事情有多少:当你觉得产品简单,自己一学就会的时候,老板已经为了这个味道孜孜不倦了好几年;当你觉得管理简单,给钱就能招到人的时候,老板已经为激励员工做了好几十套方案;当你觉得装修简单,有钱就能搞定一切的时候,老板在这块学费已经交了好几十万;当你觉得连锁简单,找人开店很容易的时候,老板已经在这行业积累了好多年;当你下班回家,可以出去玩的时候,老板还在空无一人的店里继续忙碌;当你遇到问题发牢骚抱怨的时候,老板早已做好了好几套解决方案;当你觉得当老板真爽的时候,老板也会羡慕你真爽。

当老板都需要具备什么条件?大部分人的工作只局限于自己熟悉的一小块,根本不具备能够掌控全局的能力。所以真正适合创业的人,可能都是那些在某一个公司已经做到了管理层并且能主导公司走向的人。除此以外,对大部分人来说,创业将要面临的问题,可能90%以上都是自己未曾经历的。

(2)当你决定创业时,你要做好失去很多东西的准备。

很多人觉得创业当老板很舒适,时间自由,可以随时来一场说走就走的旅行。但是当你真的创业后,你就知道什么叫“身不由己”。

周末你要忙项目,朋友聚会你去不去?你正在处理问题,有佳人约你共度良宵你去不去?在重要的团队会议和重要的女朋友约会之间,你会选择哪一个?

创业后,你会发现你的人脉越来越多,但同时,你的朋友会越来越少。在朋友眼里,你成了一个只知道赚钱的大忙人,只有夜深人静当你一个人静下来的时候,你才知道其实自己什么都不是。

不能按时吃饭让身体变得越来越糟,不能按时休息让精神状况也没那么好,看一场电影、去一次旅行,都成了奢望。忙着忙着你就错过了生活,年复一年地,你就成了一个孤独者。友情、爱情、健康、爱好,当你创业时,你要失去的远不止这些,可能还有你趣味横生的生活。

(3)当你决定创业时,你要做好不断学习的准备。

创业的过程就是不断发现问题,不断解决问题的过程。工作时老板交代你一个不会的工作,你可以不会,可以不做,可以拒绝,甚至可以辞职换一份工作。当你创业了,硬着头皮也得往前冲,因为天塌下来了只有你自己顶着。

不断学习提升自己的能力。这是你在创业这条路上的唯一生存指南。所以当你决定创业时,你就要抛弃依靠任何人的念头,放弃一切消极抵抗的心理,做好应战的准备,勇敢积极地迎接一切,因为这将是你一个人的战役。

(4)要找和你能力能够互补的人合作。最好是找能力比你强的人。

(5)做好打持久战的准备。今天很残酷,明天更残酷,但后天很美好,前提是你得挺过明天。

(6)不要眼高手低,计划再大也要一步一步做起,先生存再发展。你可以给你的团队画饼、画蓝图,但千万别画着画着自己就信了。

(7)不要迷恋人脉资源,不要去混圈子,除非你天生具备依靠这些成事的能力。努力提升自己,才能赢得同行真正的尊重。

(8)不要贪图虚名,不要给自己承载不起的头衔,不要给自己贴名不副实的标签。真实做自己,踏实做事情,这样就挺好。

(9)如果选择了这条路,就不要去在意别人的看法,成功或者失败,只要你自己觉得内心无愧就够了。

(10)要定期去审视自己,拷问自己。确定好自己的方向,就要经得起任何多余的诱惑，尤其是当你会得越来越多的时候，面对的诱惑也会越来越多，这时候，忠于自己、忠于未来很重要。

(11)保持学习，无论是看书，还是购买付费的培训课程，哪怕是订阅免费的公众号，每天都要保持一定的学习和阅读，让自己永远鲜活。

(12)多注重自己的健康，身体才是一切的本钱。

(13)如果短期内你还没有成功，不要轻言放弃，请给自己多一点点时间。

(14)对于创业来说，机遇重要还是能力重要？

其实是机遇。只有碰到机会，才有创业。那么为什么还要提升能力呢？因为只有能力提升，才能够提升你碰到好机遇的概率。每个机会，都匹配各种能力的人。所以，有足够能力的人，不缺机会。说缺机会的人，其实是本身能力不够。

(15)打工和创业的区别。

打工，往往需要的是解决单项问题的能力，比如你负责数据分析，职能很细致，不需要你做别的。而创业，所需要的能力实在太丰富了。我刚刚创业的那会儿相当不适应，比如说店里面电灯坏了，要自己修理。网络布线出了问题也是自己学着修理。所以创业初期那几年学了“一身本领(全是鸡毛蒜皮)”，创业要照顾到的事情方方面面，不仅仅是有挣钱的能力。

(16)具有长远眼光的创业者，走得会更远。

茅台和五粮液的竞争很有意思。20世纪90年代两个都是数一数二的品牌。后来五粮液为了扩大销售额，做了很多子品牌，如五粮春、五粮醇等，拉开了规模上的差距。但是，茅台后来一步步涨价，消费升级了，有些人只认贵的……满眼看去，茅台竟没一个对手，高端市场全收。创业者，不要光顾着销售额，得看到市场的变化。

(17)先做小产品，再做大产品。

为什么经验丰富的创业者，给新创业者指导的时候都说“做小产品，解决小问题”。因为新创业者能力弱，竞争激烈的市场往往大佬比较多。而且不仅仅是能力的差距，创业者先占个小地盘立足，积累了经验、资源和资金，再慢慢去做大一些的产品。

案例十　中医本真堂项目

一、项目介绍

中医本真堂从 2018 年起入驻河南中医药大学创业实践基地，顺应当前良好的中医发展形势，依托河南中医药大学浓郁的中医药学术氛围，为满足在校师生的需要，建立了以中医推拿、中医拔罐、中医美容、刮痧等中医保健疗法为特色的综合性的中医养生保健体系，具有安全、经济、环保、快捷的特点。通过对全身经络、脏腑，气血、阴阳的调节来达到预防疾病、养生保健的目的。

本店具体项目如下：

(1)推拿、按摩；

(2)艾灸、拔罐、刮痧；

(3)面部按摩、美容护肤；

(4)自制花茶、药茶销售。

二、发展历程

本店拥有一个服务水平高、责任心强的团队，另有具有较强专业知识技能的创业指导老师。引进了一套专业服务设备，以便更好地服务顾客。本店以传承和发扬中医保健为主旨，以服务广大同学为宗旨，坚持本真，不忘初心，以达到互利共赢、健康养生的目的。

三、未来规划

将业务范围扩展至郑州整个龙子湖高校园区，并增添“互联网+”特色模式进行网上宣传、预约，一步步将业务做大、做强，成为河南中医药大学的特色项目。

四、经验分享

感悟：毕竟是第一次开店，很多事情都需要学习，向老师咨询，自己看书，查阅资料，不懂就问，不会就学。我是护理专业的学生，关于针推方面的知识只能一点点地自己学习，这样才能做好一个店长！

总之，我认为，把我的创业过程浓缩一下，就是“有想法，肯吃苦，爱学习，能坚持”。只要做到这12个字，别说创业了，做什么事情都会事半功倍，毕竟付出总会有回报的！

前提：始终把顾客放在第一位，不管店内如何调整，如增减项目、调整定价、摆放物品等，都要先站在顾客的角度来考虑是否合理。想要“生存”，先要换位思考。

(1)做好组织与协调工作。组织与协调是管理方面的一项重要工作。开店铺或者说管理店铺必须要锻炼好自己的组织与协调能力。经营一个店铺需要协调好管理者与店员的关系，协调好店铺与顾客的关系，更重要的是维护好店铺的正常运营，要花最合理的成本，做最好的服务，获得最好的效益，这是我们必须具备的技能。

(2)改进管理模式，争取最大效益。开店铺的终极目标是获取最大的效益。当然，在学校开店铺最大化地服务学校师生也是非常重要的。那么，如何获取最大的效益，是作为管理者需要思考与努力的。所以，这两年开店铺的经验告诉我，一定要积极改进管理模式，学习先进的管理方法，最大限度地利用资源，包括朋友资源、学校提供的资源，以及网络资源等。例如，要及时利用节日，开展多种促销活动，包括线上和线下活动。再比如，要及时研究开展新的服务项目，积极迎合顾客的好奇心。

(3)要注重店铺宣传。开店铺，最重要的是要推销，不管是推销服务，还是推销商品；不管是管理者还是店员，都要注重宣传以促进商品或服务的推销。不能小看广告和推销的作用，这是我们店铺赖以生存的重要方式，所以要积极思考如何推销。

(4)要注重对店员的管理与督促。这一条是对管理者来说的，店员是店铺发展的灵魂，拥有一批好的店员就可以拥有一间好的店铺。对大学生创业来说，店员都是自己的同龄人。所以我建议，不能总是有一副高高在上的老板姿态，但是也不能完全没有架子，要松紧适当，这个要靠自己把握。

(5)对自我来说,要注重培养自己的积极乐观的态度,要培养自己良好的心态。无论是管理者,还是店员,积极良好的心态,都对店铺的发展有着积极的意义。有了良好的心态,你就可以理性地处理店里的各种问题,以良好的态度来对待顾客,以正能量的精神发展店铺。

案例十一　河南好心怡医药健康服务中心项目

一、项目简介

本项目致力于医药技术的开发、技术服务、健康管理咨询等医疗服务，自 2012 年启动收购兼并以来，5 年间陆续收购了郑州市众多的医药企业，在网络覆盖逐步扩大的同时，企业形态已融入中西药品生产、电商、药品销售等众多领域，引进全球最大的医药零售企业为战略投资者，大力发展医药连锁及电商。我们未来的发展将采用大数据思维主导业务方向，让医药、患者、药品生产企业等各方共同参与起来形成全局思维和服务意识，从而实现医药保健行业的创新。

二、发展历程

(1)公司致力于打造健康管理服务企业。我们第一主推海外代购这种方式，包括医药卫生用品，如海外品牌卫生巾、海外品牌护肤品和化妆品。学校已有关于这个方面的店铺，我们要做的是业务更精通，服务更具体，还要与医药挂上钩。例如，我们在店铺里售卖针灸包、刮痧板、拔罐器等一些小型的医药器具供同学、老师使用。

(2)公司致力于养生保健这一块，包括药品和保健。关于药品我们有专门的老师，已有相对的成品，这个可以直接上市，而且在店铺里也销售一些关于养生保健的器具。

(3)公司引进了配镜设备，增添了近视镜、老花镜、太阳镜配镜，眼部护理产品，以及中药治疗眼部疾病等特色服务。刚开始由于我们的技术不够成熟，这方面的经验不足，营业情况不是很理想，经过近 1 个月的培训，以及和一些专家的交流，我们的营业状况有了明显好转。公司为了树立品牌，先后赞助了很多大型活动，采取了一些优惠措施，赢得了广大师生的好评。

三、未来规划

我们会认真总结经验，总结销售策略，争取明年使营业利润翻一倍；我们会认真调研市场，利用大数据把公司的产品推向世界，为中国带来更多的就业岗位，努力推动中国经济的发展，在中国树立自己的品牌；我们还会在网络上进行产品的宣传，以及和一些广告商合作，把产品推广到极致。

四、经验分享

目前很多大学生就业艰难，工资普遍不高，所以有很大一批人选择自主创业。这种想法是很好的，但是做任何事情不是说要什么就有的。创业也不是每个人都会一举成功，也有很多失败的例子。所以要想自己不成为那个失败的例子，就需要多借鉴别人的经验。不能空谈，要实干。

在大数据时代，有许多人正在或已经投入创业的大潮，一如全民炼钢，一如上山下乡。洪流裹泥石俱下之时，自然免不了欣欣向荣，同样也免不了一地鸡毛。不是说不能顺势而为，而是弄潮者需要具备一些条件，以防过早被拍死在沙滩上，凡创业者自然都希望能立于潮头，乘风破浪。现今大学生创业有优势也有劣势。大学生的优势在于有热情、有活力、有知识、有胆识。但是由于经验不足、能力不足、眼高手低等原因，导致成功率明显偏低。以下总结了几点大学生创业成功者的经验和感悟：

(1)要想创业成功，前期准备必须充分。首先要找一个适合自己的创业项目。创业项目要考虑两个方面。第一，要考虑自身的能力。包括自己的专业知识背景，看自己适合经营什么样的项目。这个是最基本的，只有认识了自己，才能更好地前行。第二，要学会利用环境的优势。也就是我们的资源优势和人脉优势。

(2)在创业过程中，会遇到很多困难。你会觉得都是些烦琐的小事情，但其实就是这些烦琐的、你看不上眼的小事情是关系你成败的关键。

(3)不要急着自己去创业。在创业之前,最好到已经成功的公司或者店里工作一段时间。其一是学习销售模式,其二是学习管理模式。你只有真正地去接触,看别人是怎么做的,才能悟出自己的一套模式。

(4)不安分的心是个基本条件。因为只有一颗不安分的心才能搅动欲望,也可以叫雄心壮志或远大理想。但走上这条路,必须要面对一个令人伤心的法则,“欲望即代价”。就是说当我们想要些什么,就一定得付出另外一些。接着有另一个更让人伤心的法则,“付出不一定有收获”。令人欣慰的是,我们对要不要付出代价这一点,一直掌握着主动权。知道以上三点,还是愿意一往无前的,那么可以算是有坚定信念、想创业的人,可以跟随内心的想法走。

(5)对创业有清醒的认知。创业是一个资源变现增值的过程,创业是一个资源变现增值的过程。我们说功到自然成,无垒土不以成高台。无论是独到的认知、天才的智商、扎实的技术、旺盛的精力、信任团结的团队、丰厚的人脉、雄厚的财力哪一个方面的优势,都可能成为重要的资源。唯独需要特别强调的是,单单创意想法,绝对不是成功的保障,甚至一文不值。所有的创意必须要在一定的资源基础上,才可能有些价值。梳理可依靠的资源远比创意想法重要——没有任何一个创业者是缺少创意想法的,但大多数并没有足够的资源。创业者资源的稀缺程度所起的重要性要远远胜过创意想法所起的作用。

(6)个人能力。能力并没有一个标准,但可以参考过往的学习和工作。工作多年,人的能力、性格大多定型,没有做过几件引以为豪的事情就是能力不足。工作经验上,如果从没有主导过一项业务,没有完整接触某个行业的上、中、下游,没有协调组织过跨部门、跨组织的合作,那么很难想象一个智力、资源、经验都没有优势的创业者怎么会成功。创业是一个生存者游戏,要生存下去就一定要建立自身的优势,能力——卓尔不群的能力,是建立优势的必要条件。有多大野心,就需要多少能力。如果二者不能匹配,只能削足适履,收敛野心,继续磨炼。

(7)洞悉行业,领先半步。早一步,生不逢时;晚一步,步步来迟。

小米手机能横空出世并成功转型,而锤子手机却还在苦苦挣扎,很大程度上就是因为进入时机的关系。背景人设中,创业主导者对行业必须有独到的洞悉,一定是在某个领域浸润已久,而且嗅觉敏锐。能及时预见行业内即将来临的变化,才能做到领先半步。人云亦云的机会,就是没有机会。周围每个人都在说 Groupon 时,团购已经没有机会;都在说 Facebook 时,社交网络已经没有机会;都在说 Twitter 时,微博已经没有机会;都在谈摩拜时,共享单车已经没有机会。如果说股票市场中,后入者是韭菜,那么某一类创业项目的后入者就是炮灰。就如《从 0 到 1》的作者彼得·蒂尔所说的那样"成功的商业应当建立于开放却未知的秘密之上"。总之,最好不要脱离自己熟悉的领域去跟风,而要在自己长期从事或关注的领域去发现机会。不过,并不是说晚就一定没有机会,只是那个机会不属于一般创业者,后发优势通常适用于巨头。因为巨头们掌握着一般人所没有的资源。后发者试错成本低,拼的是资源,拼的是执行力,华为智能手机就是一个后发的例子。

(8)市场可见,需求明确。智能手机取代功能手机,都属于手机市场;滴滴出行取代出租打车,都属于打车市场。选定创业项目的高效方式,是进攻明确的已有市场,而非创造全新的市场。创造新市场的主要问题在于商业模式未验证,锁定目标用户需要过程,市场教育太过困难。这些远不是一个创业项目能解决的事情,也无形中增加了很多创业项目所需要面对的困难。比如,有朋友看到中国养老产业的机会,就做了一款养老机器人,能给老人讲故事。很明显,他一定有机器人相关技术的经验积累,也熟悉市场营销规律。但是因为没有明确的可取代目标,这使他深陷于旷日持久的市场培育期。对于资源匮乏的创业者,去培育市场将会严重影响创业的效率。

需求是现状与期望之间的差距,这一点大多都很熟悉,但明确描述需求并不是那么容易。需求明确应该包括三个方面:一是目标主体特征可明确刻画,二是其满足需求的行为可简要描述,三是其满足需求的结果要直观。比如,做线下代理商的人都想进货价格便宜,这个需求本身很简单,有效的做法是,结构化分拆关键因素,主体—代理商,行为—进货,结果—进货价便宜。然后对其分别提出对应的解决方案。描述清晰后,再对真伪与否、刚需与否、高频与否等内容进行深入细致的探讨时就会顺利得多。如一个朋友要创业,项目是开发一个“采购平台”——其实这么讲项目就危险了。但如果是更明确地说“零售店老板可以拼团进货的网站/APP”,则相对安全一些。再进一步说“零售店老板拼团进货,价格便宜一半”,则可以算是说清楚了。需求主体——零售店老板,满足需求的行为——拼团进货,满足需求的结果——价格便宜一半。这样就很清晰、明确。

(9)矛攻盾守,单点切入。如果在创业之初,就定下一个宏伟的目标,比如“让天下没有难做的生意”,要去打造一个牛哄哄的平台,这时一定要先问问自己:①构建一个平台需要什么条件?②构建一个平台需要多少资源?③有足够的资源来支撑实现这个目标吗?读完上面这一段,也许并不觉得有什么特别的地方,而实际情况却像是飞蛾扑火,一个又一个创业者前赴后继——每一个有雄心壮志的创业者,战略上都绝不会懒惰,其勤奋之程度,很可能远远超越量力而行。聪明者如史玉柱,也将巨人大厦从17层加到了80层,以致分崩离析;愚笨如笔者,亦曾深陷其中,一错两年。身在庐山不知其景者,不寡。因为绝大多数创业者的资源都是极其匮乏的,在选择项目上务必要着眼单一切入点。攻击时,要把全部力量集中至矛尖。守业时不能有短板,创业时必须要有长板。

总之,时机恰到好处、需求明确、模式清晰、着眼单一切入点,是一个创业项目的必要条件。

最后,写了这么多经验,也不可能成为创业者的完美生存指南。每个人所处环境不同,每个人拥有的能力与资源不同,其生存之道也不一样。再者,就算明白所有的道理也是无济于事的,因为在赛场上拿冠军的并不是“理都懂”的教练。逢山开路,遇水搭桥,是作为冒险家的创业者所必需的勇气。兵来将挡,水来土掩,也是如履薄冰的创业者步步为营的手段。

案例十二 峰翼教育项目

一、项目介绍

郑州峰翼教育科技有限公司(简称峰翼教育),创立于2016年11月,公司位于河南中医药大学大学生创业实践基地,依托高校独特环境、优秀学子和现代互联网科技,为中小学生提供优质一对一教育服务,为大学生提供证书考试报名、辅导及网络课程。

团队简介

姓名	性别	年级	专业	联系方式
张莹辉	男	2016级	汉语国际教育	159××××4294
田玉朝	男	2017级	康复治疗学	187××××7726

二、发展历程

1. 第一阶段(2015年10月至2016年11月)

峰翼教育的前身为河南中医药大学大学生创业实践基地的32号店励学家教,于2015年10月创办。

2. 第二阶段(2016年11月至2017年12月)

为了更好地发展,扩大市场份额,峰翼教育走出校园,在郑东新区姚夏路陈三桥社区成立峰翼教育分部,并将重心转移至此。

3. 第三阶段(2017年12月至2018年6月)

整合峰翼教育河南中医药大学校内店铺,将业务详细划分模块,重新统筹人力资源,开启峰翼教育新征程,校内店铺主要提供一对一教育咨询服务。

4. 第四阶段(2018年6月至今)

增加新东方在线业务,并成功申请入驻河南省教育厅百年汇孵化器,为龙子湖高校园区大学生提供优质的英语四六级、教师资格证、考研、雅思、托福课程。

5. 公司业务

(1)一对一辅导。

依托龙子湖周边高校优秀大学生资源,经过培训合格后,进行一对一"陪伴式家教"服务。

(2)证书报名、考试。

普通话、计算机、教师资格证、健康管理师、执业药师。

(3)大学考试学习课程。

新东方在线英语四六级、考研公共课及专业课、雅思、托福。

三、未来规划

开发峰翼教育公众号,将各个板块业务转移至线上,完成从线下到线上的转变,扩大代理体系,提高峰翼教育在校园的知名度,维护好现有学员的权益。

四、经验分享

当项目信息扑面而来的时候,不要任何一个项目都舍不得丢弃,要建立项目筛选机制,有项目评估的程序和评价指标体系,一般主要根据项目是否符合个人兴趣、投资额、投资回报水平、行业前景与市场潜力大小、经营场所要求、市场准入(之前做中小学辅导,国家倡导中小学减压减负,规范教育行业场所,慢慢转变为一对一辅导)、需要的技能(部分行业需要专业人才)、需要的人际关系资源、上下游业务渠道控制能力(之前做新东方在线区域代理商,在新东方在线上市之后,受控于资本市场,代理商政策调整,业务利润腰斩一半,项目的上游无法控制)。

项目的选择一定要与自己过去的从业经验、技能、特长和兴趣爱好相吻合,这样会有内在和持久的动力,成功的可能性就越大。选择项目的眼界,着眼宏观是大机会、中观是中机会、微观是小机会。在行业是否景气方面,不要盲目跟风,进入热门生意的不见得人人挣钱,走点冷门可能更好做一些,要记住"只有不景气的行业,没有不景气的企业”。

对于全新的项目，在没有一定把握的情况下，不主张选择市场推广难度较大、风险非常高的项目。应选择传统的项目，注意总结和组合，走“组合创新”的道路。

选择项目不能毕其功于一役，心里太着急，应该用更理性的态度用一定时间选择可以经营的项目，选择项目是一个很重要的环节，要谨慎对待。

在线教育是一片蓝海，是未来的发展方向，但是在市场推广的过程中却发现很大一部分学生观看的都是盗版视频网课，并且是一代一代传下来的。正版网课的价格在一科目近千元，为直播加录播的模式，盗版网课一套几十块钱就搞定了，并且还带同步更新。因此，在发现这个问题后，我们就进行调整，开始扩展业务范围，增加研究生专业课和复试一对一指导，用新东方在线的知名度来做自己的项目。

好的项目不一定适合本地市场，一定要结合实地情况。

在这个项目之前做的另外一个项目——“俺来也”校园外卖，O2O模式，线上下单配送到寝室，项目开展两个月之后果断放弃，当时是因为看到郑州大学、河南理工大学、河南经贸职业技术学院做得很好，觉得河南中医药大学也可以做好。刚开始依靠补贴，每天的单量能够达到100单左右，还比较有信心，补贴停止之后，一下掉落到每天二三十单，继续上补贴活动之后，单量又继续上升。对这种情况进行分析，发现河南中医药大学的外卖需求量太低。在对学生和商户调研之后，得到以下几点：①学生大部分来自农村，经济能力不行，普遍省钱；②学生都喜欢到餐厅吃饭，不喜欢在寝室吃，包括我自己也是，外卖需求小；③学校面积小，最远的宿舍楼、教学楼离餐厅也不过二三百米，下课直接都去吃饭了。

好项目不一定适合本地市场，调研是必不可少的一部分。

项目管理中最根本的因素是人，对项目的管理即对人的管理。因而团队管理是项目管理过程中最重要的部分之一。尽管成功的团队管理不一定能保证项目的成功，但失败的团队管理必然导致项目的失败。

在进行团队管理时要以团队成员为本,从团队成员的角度去思考问题,这样可以很快增加团队凝聚力,提高团队的效率。其具体意义可以表现在以下几个方面:

(1)保证按时、按质交付是项目的前提;

(2)有利于充分发挥每位成员的特长和创造性;

(3)有利于提高团队的积极性、主动性;

(4)有助于增长开发人员的知识、见识;

(5)增加成员间的彼此了解,让成员坦诚相见;

(6)有利于团队成员相互学习、交流。

作为项目负责人应具备以下一些领导素质:

(1)领导能力。要带领和指挥整个项目团队去实现项目目标,领导能力决定了团队成员是否愿意服从其指挥,同时也决定了项目的成败。

(2)决断力。在团队成员间意见不一致,发生矛盾冲突时,应及时做出公平、正确的决策;当项目遇到困难时,需要负责人能正确而迅速地做出决定。

(3)要有坚强的意志力,不怕困难。项目实施过程中会遇到很多意想不到的困难,这些困难甚至会让人认为无法实现项目目标。此时,作为负责人,最重要的就是具有顽强的意志力,有一种不达目的誓不罢休的气概,这种意志力是提高团队士气的最重要因素。

(4)良好的沟通技巧,并且善于协调。通过沟通,负责人可以将项目目标传达给每个成员,使其对团队目标有一个清晰的理解,进而为实现项目目标而奋斗。负责人也要深入了解每个成员的水平,更有针对性地对工作进行合理分配。

没有一家公司能够前瞻到企业将来可能面临的各种情景,可以预先设定好决策结论。面临经济形势的多变及市场诸多不确定因素,公司经常会面临战略的取舍、模式的取舍、产品方向的取舍、市场及客户群体的取舍,何以取舍?事实上最终的取舍标准便是价值观的体现,有什么样的价值导向便会有什么样的决策方向。同样,公司经营也经常会面临诸多经营要素及管理焦点并行的情况,在资源有限的条件下，必然面临着事项重要度排序及资源分配的优先级问题，而价值观仍然是决定这些排序的重要标准和依照。

如阿里巴巴坚持“客户第一、员工第二、股东第三”。阿里巴巴集团有六个核心价值观，是阿里巴巴的基石和公司 DNA 的重要部分。该六个核心价值观为：

(1)客户第一，客户是衣食父母；

(2)拥抱变化，迎接变化，勇于创新；

(3)团队合作，共享共担，平凡人做非凡事；

(4)诚信，诚实正直，言行坦荡；

(5)激情，乐观向上，永不言弃；

(6)敬业，专业执着，精益求精。

公司价值观的巨大力量，就是能让一个人的精神信仰变成一群人的精神信仰，信仰的力量是无穷大的。

案例十三　爱心家政服务中心

一、项目介绍

白云苹贫困生基金会“爱心家政服务中心”以公益为本心，致力于服务全体高校教师，回报社会，主要负责教师平时家里或是办公室的清洁等业务。本着“感恩自强、爱心奉献、诚实守信”的理念，所有职务均由在校大学生担任，由大学生自主经营，在实践中成长，在成长中回馈。经营资金一部分用于项目的运作，另一部分奉献公益，捐入白云苹贫困生基金会，充盈爱心基金，直接用作公益发展，回报社会。同时，以诚信为基点，全心全意为客户服务，大家的笑脸是我们最大的追求。

二、发展历程

“爱心家政服务中心”成立于2006年。爱心家政创业项目隶属于白云苹贫困生基金会爱心服务部，从最初600元成立的爱心洗衣社到现在即将注册的公司爱满天下，一直以来本着基金会“自尊自信，自立自强，传承文明，播撒爱心”的宗旨开展家政服务。一方面是为各项爱心公益活动提供资金等物质支持；另一方面是使基金会运作达到良性循环，同时也为在校大学生提供艰苦奋斗、实践锻炼的社会实践平台。自2003年开展造血业务以来，已有十几年的历史，本着创业为公益的服务态度，为了能够使造血功能专业化、系统化，使造血的公益性发挥到最大化，特于2018年9月开始着手成立家政公司，致力于为河南中医药大学全体教师及更多社会人士提供更为专业的服务，也为更多在校大学生提供更为广阔、自由的实践锻炼兼职平台，让同学们得到充分发展。

三、未来规划

白云苹贫困生基金会“爱心家政服务中心”是基金会为了让爱心

基金保值、增值，为家庭经济困难的学生提供更多的勤工助学岗位而设立的，爱心家政服务中心创业项目曾荣获2014年河南省创青春大学生创业大赛铜奖。项目在过去几年中，在领导老师的关心与指导下，在团队成员的相互配合下，按照既定方向持续健康发展。在整体运营管理方面，于2018年申请店面并进行装修以扩大影响力，营业额也保持较好数额，不断创新，积极开拓市场，向周围高校进军，追求更广阔的发展。

(1)市场方面：在保证做好河南中医药大学家属院工作的前提下，逐步向周围高校家属院扩展，以优惠的价格优势迅速占领市场，同时端正服务态度，明确客户需求，保证服务质量。根据客户信息进行回访，以朋友的身份和老师相处。

(2)电子系统的完善：微信号运营，日常宣传，保证每周一条朋友圈，每月给会员汇报余额及消费情况，每逢节日发送短信祝福，积极推出各项优惠政策，更好地服务老师，扩大知名度及影响力。

(3)服务范围：加强专业化，在保证已有业务的前提下积极拓展新业务，积极创新，培养员工的自主创新能力。

(4)店铺管理方面：本阶段因公司规模和市场的扩大，对于店铺来说，要完善其管理制度，保证店内整体的卫生；在员工管理方面，采用"中央集权制"管理，达到"做事是同事，做人是家人"的良好融洽公司氛围。

四、经验分享

在工作中的经验分为以下几点：

(1)制定明确的规章制度。家政服务公司的细节落实应该是具体执行到每一项工作当中，包括为每一项工作制订详细的、正确的操作程序，就像麦当劳对薯片应该在几分热的油中炸几分钟都有严格的规定一样。有了完善的管理制度，完美的操作程序，责、权、利非常明确的岗位要求及优质的家政服务人员，细节才能发挥出成就辉煌的作用。

(2)加强对员工的管理。规范的管理是公司健康发展的重要保障。为了保证爱心家政服务公司健康发展，员工推行资格审查、岗前培训、岗中抽查、岗后回执的管理制度。招聘家政服务人员实行“三合格”即品行合格、体检合格、培训合格；公司还设立全勤奖，奖优罚劣，多劳多得。公司每月召开一次例会总结员工思想状态，及时掌握情况，发现问题，妥善处理，必须由公司统一发放工资，每月底按照基本工资、提成规定、奖励制度、惩罚制度、赔偿制度、考勤制度等相关规定，按时定额发放工资，不拖欠，不克扣，保证员工待遇。

(3)加大投入，设备现代化。先进的服务设备是爱心家政公司服务品质的支撑。近几年来，公司投入几千元，引进了一批家政保洁服务的新设备、新工具，接下来还要进行装修，让公司跟上时代的发展。

(4)服务范围不断扩大。家政目前的服务包括保洁服务、会议会展服务、人才中介服务、图文设计、包装装潢印刷品及其他印刷品的印刷。批发零售包括清洁用品、消毒用品、农副产品、日用百货。预计我们的服务范围还会持续地扩大。

案例十四　郑州杏林清梦信息技术有限公司

一、项目介绍

郑州杏林清梦信息技术有限公司是一家以信息技术为基础，以设计制作和产品销售为延伸的综合性公司。现阶段，我们以河南中医药大学各组织及广大师生的需求为导向，力求扎根本校，逐步扩展经营范围。

随着信息化时代的到来，信息技术产业逐渐发展成为未来国民经济的主导产业，"十三五"规划中也明确了信息技术是国家未来重点扶持的战略新兴产业之一。在国家各项战略政策的扶持下，我们根据本校各组织的开销情况，在经营信息技术开发、技术咨询与服务的同时，重点发展图文设计及制作业务，同时开展设计、制作、代理、发布国内广告业务；设计及制作工艺礼品；策划文化艺术交流活动；设计及布置各类活动的舞台并提供摄影服务。不仅如此，我们还拓展了销售租赁业务，如办公用品、日用百货、体育用品和电子产品的销售和各类活动用品的租赁。旨在将公司打造成集服务与销售为一体的综合性信息技术公司。

值得一提的是，我们公司以非营利的方式与杏林志愿者服务团、关"艾"成长项目团队进行长期合作，让更多的人关注重视公益项目，从而扩大公益项目的影响，积极引导更多人热衷于公益，最终达到共赢的目的。

从建立之初，本公司一直以打造公司良好口碑及增强公益品牌效应为落脚点，树立良好的企业形象，提升各类产品的品质，与时俱进，竿头日上，展现当代大学生创新创业的无限活力与潜力。

二、发展历程

公司发展分为初期、巩固期、发展期三个时期。初期扎根本校，实行品牌战略,扩大影响力,积聚资金和人力,增强应对未知风险的能力。在此期间不断完善产品的制作工艺,形成基本成熟的公司运作体系和产业链。巩固期立足于龙子湖高校园区,学习其他同类型成功公司的经验,加以创新,形成本公司独特的经营体系。此外,还设置创新研究部门,提高已有业务质量,并根据客户需求开发新的业务,为大众带来更多的消费选择,利用本公司特色和新业务进一步稳固市场。同时建立消费者反馈系统,和售后服务部门共同努力,力争赢得消费者信赖。发展期进军郑州各大学城,树立行业口碑,形成品牌效应。利用已有品牌效应,带动新业务和衍生业务进一步占领市场。同时注重质量和售后反馈,以树立良好的行业口碑,从而形成可持续发展的新形势;可及时跟进人们的消费需求,带给顾客更好的消费感受。

三、未来规划

公司重点发展图文设计及制作业务,开展设计、制作、代理、发布国内广告业务;设计及制作工艺礼品;策划文化艺术交流活动;设计及布置各类活动的舞台并提供摄影服务。同时,拓展了销售租赁业务,如办公用品、日用百货、体育用品和电子产品的销售和各类活动用品的租赁。公司规划预计在2022年形成较为完整的经营体系,稳定公司的销售市场,健全销售服务和售后服务,打造品牌效应,同时注重创新;预计在2025年将图文设计及制作业务进一步扩大,进一步开拓市场,向郑州各大学城进发,甚至向整个河南省高校进发,打造品牌公司。同时,根据顾客需要开展其他相关业务,进一步占领市场,形成可持续发展的态势。

四、经验分享

近几年来大学生创业风潮兴起,一方面,受国家鼓励大学生创业的影响;另一方面,中国经济这几年的飞速发展让很多年轻人看到了自主创业盈利的契机与希望。中国的大学生创业风潮在国家和相关社会力量的支持下风起云涌,不过大学生创业的艰辛与困难也是可想而知的。看了俞敏洪教授在创业课堂讲的创业心得,很有收获。从中也略有体会，把创业转变成对生活的态度。俞敏洪教授写了几个创业的关键词：目标，坚持，耐心，勇气。并指出创业很简单，就是每到一个阶段给自己制定一个小目标，要踏踏实实走好每一步。

很喜欢俞敏洪教授讲的人生励志：我们有两种生活方式：第一种是像草一样的活着。你尽管活着每年还在成长，但是你毕竟是一棵草，你吸收雨露、阳光但是长不大。人们可以踩过你，但是人们不会因为你的痛苦而产生痛苦。人们不会因为你被踩了而来怜悯你，因为人们本身就没看到你。第二种是我们每一个都应该像树一样的成长，即使我们现在什么都不是，但是只要你有树的种子，即使被人踩到泥土中间，你依然能够吸收泥土的养分，自己成长起来。当你长成参天大树以后，在遥远的地方人们就能看到你，走近你，你能给人绿色。活着是美丽的风景，死了依然是栋梁之材。这就是每个人做人的标准和成长的标准。每一条河流都有自己不同的生命曲线，但是每一条河流都有自己的梦想，那就是奔向大海。我们的生命有的时候会是泥沙，你可能慢慢就会像泥沙一样沉淀下去了，一旦你沉淀下去了，也许你不用再为前进而努力了，但是你却永远也见不到阳光了。不管你现在的生命是什么样的，一定要有水的精神。像水一样不断积蓄自己的力量，不断地冲破障碍，当你发现时机不到的时候，把自己的厚度积累起来，当有一天时机来临的时候，你就能够奔腾入海，成就自己的生命。

大学生创业能够将自己在大学所学到的知识应用到实际的活动中，从事自己擅长的方面，做起来也会顺利一些，但是大学生也是一个弱势群体。首先，大学生缺乏社会实践经验，对社会的认识还处在一个初步的阶段，大学生还没有真正地接触社会，没有真正地意识到社会上的竞争，大学生进行自主创业，缺乏必要的经验，会有很多很多的弯路要走，所以需要全社会的关注和帮助，大学生创业逐渐被社会所承认和接受，同时也肩负着提高大学生毕业就业率和社会稳定等历史使命。在高校扩招之后，越来越多大学生走出校门的同时，大学生创业就成了大学生就业之外的一个社会新问题。

五、一临床展厅创业感悟

主要优势有：

（1）大学生往往对未来充满希望，我们有着年轻的血液、蓬勃的朝气，以及“初生牛犊不怕虎”的精神，而这些都是一个创业者应该具备的素质。

（2）大学生在学校里学到了很多理论性的东西，有着较高层次的技术优势，而目前最有前途的事业就是开办高科技企业。技术的重要性是不言而喻的，大学生创业从一开始就必定会走向高科技、高技术含量的领域，“用智力换资本”是大学生创业的特色和必然之路。一些风险投资家往往就因为看中了大学生所掌握的先进技术，而愿意对其创业计划进行资助。

（3）现代大学生有创新精神，有对传统观念和传统行业挑战的信心和欲望，而这种创新精神也往往造就了大学生创业的动力源泉，成为成功创业的精神基础。大学生怀揣创业梦想，努力打拼，创造了财富。

（4）大学生创业的最大好处在于能提高自己的能力，增长社会实践经验，以及学以致用；最大的诱人之处是通过成功创业，可以实现自己的理想，证明自己的价值。

主要劣势有：

（1）由于大学生社会经验不足，常常盲目乐观，没有充足的心理准备。对于创业中的挫折和失败，许多创业者感到十分痛苦茫然，甚至沮丧消沉。大家以前创业，看到的都是成功的例子，心态自然都是理想主义的。其实，成功的背后还有更多的失败。看到成功，也看到失败，这才是真正的现实，也只有这样，才能使年轻的创业者们变得更加理智。

（2）急于求成、缺乏市场意识及商业管理经验，是影响大学生成功创业的重要因素。学生们虽然掌握了一定的书本知识，但终究缺乏必要的实践能力和经营管理经验。此外，由于大学生对市场营销等缺乏足够的认识，很难一下子胜任企业经理人的角色。

（3）大学生对创业的理解还停留在仅有一个美妙想法与概念上。

在大学生提交的相当一部分创业计划书中，许多人还试图用一个自认为很新奇的创意来吸引投资。这样的事以前在国外确实有过，但在今天这已经是几乎不可能的了。现在的投资人看重的是创业计划真正的技术含量有多高，在多大程度上是不可复制的，以及市场赢利的潜力有多大。而对于这些，必须有一整套细致周密的可行性论证与实施计划，绝不是仅凭三言两语的一个主意就能让别人投资的。

(4)大学生的市场观念较为淡薄，不少大学生很乐于向投资人大谈自己的技术如何领先与独特，却很少涉及这些技术或产品究竟会有多大的市场空间。就算谈到市场的话题，他们也多半只会计划花钱做做广告而已，而对于诸如目标市场定位与营销手段组合这些重要方面，则全然没有概念。其实，真正能引起投资人兴趣的并不一定是那些先进的东西，相反，那些技术含量一般但却能切中市场需求的产品或服务，常常会得到投资人的青睐。同时，创业者应该有非常明确的市场营销计划，能强有力地证明赢利的可能性。

对于目前一临床展厅创业以来的经验，总结了以下几点：

(1)项目确立之前，要先考虑好该项目是否有意义，这是创立项目之前最关键的。如果项目没有意义，自然就不能长远发展。

(2)要有长远的眼光，在创业之初就要规划好未来几年内的发展——初创期、发展期、巩固期的内容，并合理安排未来几年的资金投入。

(3)项目人员要团结，分工明确。每一个成功的团队，无一不是团队成员共同努力的结果，这就要求团队成员要团结一致。另外，每个成员负责哪一部分要精确，各个成员发挥自己最擅长的部分。这样每部分才能达到最高效率，生产出更好的产品。

(4)要关注国家政策与市场的需求。如果项目与国家政策不符、与市场需求不符，项目的发展就十分困难。

(5)要注重服务，良好的服务才能吸引更多的顾客。

(6)注重宣传和销售，当今时代酒香也怕巷子深，所以要对自己的产品有更好的宣传和销售策略。

案例十五　河南肆零玖信息技术有限公司

一、项目介绍

河南肆零玖信息技术有限公司成立于 2015 年 12 月 18 日，是一家诞生于移动互联网时代的创新型企业，以“传承、发展中医药文化”为宗旨，主要设计开发医药类软件。公司设计开发的中药炮制数据库系统和中药炮制教学系统，解决了现阶段中药炮制技艺失传的问题；正在设计研发的孕妈宝典 APP，致力于解决因临床儿科医生极度缺乏导致年轻父母无法全面了解孕期知识的问题；正在研发的实验室远程操控系统，将为规范中药炮制操作流程，实现中药炮制智能化提供技术支持。我们将通过收集最前沿的中药炮制创新理论，完善产品数据库；开发手机移动端，创建更加便捷的手机移动端来拓展公司医药软件的服务范围；实施“三位一体”战略，加强医院、学校、中药种植加工基地与实验室四方的联系，提高公司医药软件的业务能力和竞争实力；拓宽合作渠道，提高市场占有率等途径多元化开发医药类软件，构建“互联网+中医药”软件体系，提高产品知名度，扩大公司影响力。我们会积极响应党的十九大报告的号召，肩负起“弘扬中医药文化，振兴中医药事业”的使命，为中医药文化的发展贡献出我们的力量。

二、发展历程

公司发展分为初创期、成长期、发展期三个时期。公司在初创期主要完成网站建设、微信开发、网络营销培训等简单任务。随后，我们在临床实践中发现，中药炮制应用存在问题，学生不能将学习与实践相结合。除此之外，中药炮制技艺缺失导致中药炮制饮片质量严重下降，对临床应用也造成了极大威胁，基于此我们设计研发了中药炮制数据库系统和中药炮制教学系统。系统中的药物数据主要依托于中国药典，全面可靠。

1. 用户端

中药炮制系统以“互联网+中药炮制”模式,“互联网+教学”模式进行运行,目前其功能和适用人群分为以下两大类:

(1)“互联网+中药炮制”模式。

①针对现存的临床医药脱节现象,设计出适合临床医生使用的中药炮制数据库系统,方便临床医生查询药材信息,开出更准确的处方。

②实习医生可以通过系统进行有关中药炮制方面知识的学习,为未来临床实践打下基础,同时推动我国优秀中医药炮制文化的传承发展。

(2)“互联网+教学”模式。

①中药炮制教学系统适用于线上教学,我们针对的是想要学习中药炮制知识的人群。

②如今公司正在寻找传统的中药炮制方法,并到发源地进行实地考察,在征得中药炮制传承技艺人的同意后,拍摄中药炮制相关视频供用户学习,其中包括民间流传的中药炮制技艺及即将失传的炮制技艺。对于古籍中失传的中药炮制方法,我们将与实验室合作,实验室将古籍中失传的炮制方法进行验证,在临床应用成功后,技术人员将这种炮制方法拍摄成视频,上传到我们的数据库,用实际行动,为中医药的传承发展助力。

③用户也可以随时将自己拍摄的有关中药炮制的视频上传到数据库,通过管理员的审核后,将视频发布到教学系统上,供其他用户学习。

④教师可以随时发布教学视频、教学课件、课程测试等学习内容,实现线上与线下相结合的教学模式。

⑤学生可以在系统上自主选择感兴趣的课程,扩大学生的知识面,拓宽学习途径。

2. 管理员端

负责信息的整合录入、审核教师发布的内容。

(1)信息的整合录入。

我们公司有专门的管理员进行信息的整合录入,随时与河南中医药大学第一附属医院这一省级中药炮制点的工作人员进行沟通,保证系统数据的实时性、完整性和准确性。

此外,我们的管理员不仅会将技术人员拍摄的视频进行剪辑整理后上传,也会对用户发布的视频进行审核,并将审核通过的视频上传到我们中药炮制教学系统的数据库,方便用户学习的同时,丰富我们的数据库。

(2)审核教师发布的内容。

我们会有审核人员对教师发布的课程和测试进行审核并发布,对系统上课程的质量进行把关,打造一个优良的教学环境。

(3)帮助用户解决问题。

用户在使用过程中遇到问题时,可以随时将问题反馈给后台管理员,后台管理员会尽快提供相应的解决方案。如果无法在线上解决,我们会安排维修人员在合适的时间提供上门服务,帮助用户解决问题。

中药炮制数据库系统主要针对临床医生对中药的了解缺乏导致所开药方疗效减退的情况,同时促进中药炮制文化的传承与发展。

中药炮制教学系统将互联网与中药炮制相结合,主要针对的是想要学习中药炮制知识的人群。用户既可以登录中药炮制教学系统学习中药炮制类课程,也可以学习其他中医方面的知识。此系统在河南中医药大学第一附属医院投入使用,一经投入,便获得了用户的一致好评。

三、未来规划

现阶段我们处于公司发展阶段,用户主要是医院、医学院校、医药类公司。本公司的营销方式是:学术会议推广、网络宣传、实体宣传、广播电视宣传、体验、科研营销等;营销战略是:发展合作对象、拓宽合作渠道、突出产品优势、满足消费人群的需求、“三位一体”模式。

由于前期与河南中医药大学第一附属医院的成功合作,极大地提升了医院对公司的信任度,获得更多高素质医疗人员的支持。因此,结合医院的需求及当前社会儿科医生极度缺乏的情况,我们目前设计开发的孕妈宝典 APP 已处于调试阶段,从生殖医学科、妇科、围保、产科、儿科等方面,为每个家庭提供常见疾病的预防、治疗,以及后期康复等服务,同时配以在线咨询、预约挂号、饮食搭配等。

在此期间,积极拓宽公司合作渠道,与多家医院达成合作,设计开发出更多专业性的医药类软件。同时,通过不断更新、完善 APP 的医疗科技、生活服务等,逐渐形成以医疗服务为核心的多元化服务 APP,满足现代发展情况下人们对医疗的较高需求。并且通过第七届“创青春”比赛,向大家全面地展示我们公司,帮助大家更好地了解公司的业务,使公司能够更好地在市场上站稳脚跟,拓宽公司产品的服务市场。

为进行项目产品化,在初期我们拓宽服务器带宽,并通过各种宣传手段推广医药软件,进而在医院、医学院校、中医药科研基地等地设立咨询处,为公司服务对象解决对公司医药软件产品的疑惑,进而达到扩大市场占有率的目标。

随着进一步发展,利用“互联网+”的时代背景优势,及时更新最前沿的医药研究创新理论,拓展公司医药软件的应用功能。与此同时,要完善公司医药软件的售后服务,以此扩大公司的市场占有量,如与医药科研实验室建立良好的合作关系、与药物种植和科研基地建立互利互赢的合作机制、为公司的软件和服务器建立一套完整的编码系统和远程控制系统等。

随着公司继续发展,逐渐步入正轨,会对公司医药软件进行升级及拓展、创建手机移动端、创建公司专属社交平台、不断完善公司售后服务体系、在原有的基础上加强软件测试,保证软件质量。在公司取得长足发展之后,积极开展外包业务,通过公司的医药软件加强医院与中药种植加工基地的深度合作。

四、经验分享

回忆一路的创业经历,有这样几点可以进行分享:

第一,对于高科技创业项目往往需要一大笔启动资金,创业风险和压力都非常大,大学生如果自身经验和能力认识不足,对创业的期望值又过高,一开始目标定得太高,很容易失败。因此在创业之初,作为大学生的我们,不妨放平心态,深刻了解市场和自己,从小做起,从实际做起,走稳第一步再走第二步。在公司成立初期,不妨多拜访一些长者、成功创业人员。不仅如此,让团队成员发挥自己的个人优势,在创业中也显得格外重要,有些人在专业知识方面有优势,有些人擅长管理,有些人对市场有敏锐性,作为领导者,应该具备发现人才和成员闪光点的本领,才能事半功倍。

第二,缺乏经验是创业当中普遍存在的问题,朋友中有很多不习惯对他们的产品或者项目做市场调查,而是进行理想化的推断。比如:如果有 3 亿人需要我们的产品,每个东西售价 100 元,我们就有 300 亿元的销售市场。"这种推断方法是站不住脚的,而且常常起着误导作用,严重者,还会打击到初创者们的内心。当你脚踏实地去推广自己的产品,让产品落地的瞬间,你就会发现,每天稳定卖出 10 件产品或许都是一件难事。不仅如此,你还要同时面对房租、水电费、管理费、工资等方面的压力。因此,在创业初期,一定要做好市场调研,给自己和团队成员一个合理的心理预期,一些可行性研究也可找专业机构、专业人士进行咨询,在了解市场的基础上创业,才能更长久。

第三,在强调团队合作精神的今天,创业者想靠单打独斗获得成功的概率正急速降低。团队精神已经成为不可或缺的创业素质,风险投资商在投资时更看重有合作能力的创业团队。如今大学生都很有个性,自信心较强,在创业中常常自以为是,但实际可能是刚愎自用。这些都影响了创业的成功率。因此,对打算创业的大学生来说,强强联合,取长补短,要比单枪匹马更容易积聚创业实力。

当前,国家和社会舆论为大学生自主创业创造了相对宽松的环境。一方面,各种媒体通过广泛宣传大学生创业的成功典型案例,引导社会形成崇尚创业、以创业为荣的社会氛围。另一方面,新闻媒体开辟了各种形式的"励志创业"的栏目、创办"创业论坛"、定期宣传国内外创业成功案例,交流成功的经验,影响和带动一批有创业意向的大学生通过自主创业走向成功之路。成功的创业不仅解决了创业者本人的就业问题,还在很大程度上能够缓解社会的就业压力,增加社会物质财富。创业本身的成功还可以使创业者承担更多社会责任,产生良好社会示范效应，有利于社会主义和谐。对于大胆转变就业观念，勇于接受自主创业风险挑战的大学生，社会给予了极大的鼓励和支持，通过宣传不断扩大创业典型的辐射力和影响力，给予大学生舆论上的导向和支持。

在创业带动就业思路的指导下，国家出台了许多优惠政策，涉及金融、税收、创业培训及指导等诸多方面。主要有以下几个方面：

（1）对大学生创业给予资金扶持。综合考评大学生自主创业项目吸纳就业能力、科技含量、潜在经济社会效益、市场前景等因素，无偿提供 2 万元至 15 万元的资金扶持。扶持标准分为 4 个档次：2 万元、5 万元、10 万元、15 万元。对拥有独立自主知识产权和发明专利、节能降耗、劳动密集型的创业项目给予优先扶持；对从事个体经营的创业实体项目扶持金额不超过 5 万元。

（2）落实大学生创业（开业）补贴。对符合大学生初次创业条件的，给予每人 5000 元的创业（开业）补贴。每人和每个营业执照只能享受一次创业（开业）补贴。

（3）享受一次大学生创业扶持资金资助。获得国家承认学历的毕业 5 年以内的高校毕业生或在校大学生（含留学来豫创业人员），作为创业实体的法人代表或实际控制人，可以申请大学生创业资金扶持。同一扶持对象和扶持项目只能享受一次大学生创业扶持资金资助。

由以上政策不难看出，国家、各地区，对“大众创业”是极其支持的。大众创业、万众创新，作为引领中国经济新常态的内在动力，两者在相互影响、相互促进中共同发展。

若放在 10 年前，再高明的预言者也很难预料到，一群风尘仆仆的快递小哥，会在日后成为中国人生活里最不可或缺的人群之一。这个变化告诉我们：只要有适当的土壤，创业和创新可以爆发出无穷的力量！回首几年的创业过程，可谓辛酸苦辣，百味杂陈，但坚持下来的我们，现在也收获了努力和付出带给我们的回报和收益，正如旅行，会遇到黑云压城，亦会看到春暖花开。

我们正处在一个伟大的时代。时代为“大众创业、万众创新”搭建了广阔舞台，作为青年人的我们，要勇做弄潮儿，在实现个人梦想和人生价值的过程中，为实现中华民族伟大复兴的中国梦做出应有的贡献。